10 STEP

3단계

성령의 능력을 받으라!

순출판사
CCC 한국대학생선교회

3단계 성령의 능력을 받으라!

1985년 2월 28일 초판 발행
2013년 3월 27일 개정판 1쇄 발행
2024년 5월 17일 개정판 7쇄 발행

지 은 이 빌 브라이트
발 행 처 순출판사
감 수 교육 & 개발팀
디 자 인 아이엠크리에이티브
일러스트 아이엠크리에이티브
주 소 서울시 종로구 백석동 1가길 2-8
전 화 02)722-6931~2 팩 스 02)722-6933
인 터 넷 http://www.kccc.org
등록번호 제 2020-000159호

값 2,500원
ISBN 978-89-389-0265-8

책 내용과 관련된 문의는 한국대학생선교회_교육 & 개발팀 (02-397-6267)으로 문의 바랍니다.

CCC 10단계 성경교재

〈개정판〉

그리스도인은 날마다 영적으로 성장해야 합니다. 그리스도인이 성숙할수록 주님의 은혜를 더욱 풍성히 누리고 또 세상에서 주님을 위해 영향력 있는 삶을 살 수 있습니다.

CCC 10단계 성경교재〈개정판〉은 영적 성장에 필요한 하나님 말씀의 기본적이고 핵심적인 내용들을 담고 있습니다. 이 책을 공부하면 성경에 대한 지식과 중요한 교리뿐만 아니라 기독교 신앙의 광범위한 개관을 체계적으로 알 수 있으며 그리스도인의 삶의 특성과 그리스도인의 특권과 책임에 대해서도 배울 수 있습니다. 또한 나 자신의 영적 성장만 아니라 다른 사람을 그리스도에게 인도하거나 그의 믿음이 성장하도록 도울 수 있습니다.

이 교재는 중·고등학생에서부터 대학생과 성인, 모두가 사용할 수 있으며, 혼자서 공부할 수도 있고 그룹으로 함께 공부할 수 있는 주제별 성경공부 교재입니다.

CCC 10단계 성경교재〈개정판〉은 국제 CCC 창설자이신 고(故) 빌 브라이트 박사님의 지도하에 만들어진 책입니다. 책의 앞에 나오는 글은 빌 브라이트 박사가 하신 이야기입니다. 이 책은 본래 있던 교재를 다시 개정한 것입니다.

순(筍)

이새의 줄기에서 뻗어 나온 연한 순(筍)은 주님을 가리킨다(사 11:1; 53:1-12). 순은 가지에서부터 무한히 뻗는 동안 잎과 꽃과 열매를 맺는다. 순은 자신을 위해 있는 것이 아니라 숨어버리는 무한한 생명의 전달자요, 나룻배요, 어머니요, 수단이요, 기능일 뿐이다. 오늘도 CCC의 순(제자화를 위한 소그룹)은 이 땅에 '푸르고 푸른 그리스도의 계절'이 오도록 강인한 생명력으로 힘차게 뻗어가고 있다.

순(筍)출판사는 주님의 지상명령 성취와 한국 교회를 섬기기 위한 CCC의 문서사역을 감당합니다.

10 STEP

그리스도인의 성장을 위한

CCC 10단계 성경교재

성령의 능력을 받으라!

성령의 능력을 경험하기

나의 친한 친구인 전 미국 상원의원 로저 잽슨(Roger Jepsen)의 아내 디 잽슨(Dee Jepsen)의 이야기이다.

"나는 워싱턴 국회의사당 상원의원 회의실에서 있었던 오찬모임에 참석했었다. 그 오찬모임에는 상원의원을 비롯한 정부 최고 지도자들과 존경받는 많은 손님들이 하나님의 겸손한 종에게 경의를 표하기 위해 모였다. 그 회의실은 화려한 기둥과 높은 천장과 거대한 샹들리에로 장식된 아름다운 방이었다.

그때 마더 테레사(Mother Teresa)가 방으로 들어왔다. 그녀의 몸은 매우 왜소했고 입고 있는 수녀복과 낡은 회색 스웨터, 그리고 분명히 수마일을 신고 다녔을 샌들은 그 장소와 전혀 어울리지 않는 듯했다. 오히려 그녀는 그 방의 웅장함과 그 안의 사람들로 인해 더욱 작아 보였다.

그러나 그녀가 방에 들어서자 초청받은 귀빈들과 존경받는 지도자들이 모두 자리에서 일어나 박수갈채를 보냈고 많은 사람들의 눈에는 눈물이 고였다.

나는 이 대조되는 장면에 강한 인상을 받았다. 감격한 나는 '주님, 이 연약한 여인이 그 무엇보다 강한 힘을 가지고 있습니다. 그녀는 가는 곳마다 예수님을 나타내며 모든 사람들이 이상하게도 감동을 받습니다.'라고 기도했다."

마더 테레사는 가진 것이 아무것도 없고 물질적인 소유도 자신의 권리도 주장하지 않았지만 인도 캘커타에 버려져 죽어가는 사람들을 위한 희생과 수고에 대해서 최고의 인정을 받았다. 그녀는 빈민가에 들어가 버림받은 사람들을 사랑했고 그들을 섬겼다. 그녀의 섬김은 사람들을 변화시키고 세상을 감동시키며 하나님 사랑을 나타냈다. 이것이 진정한 힘이다. 그 힘은 세상의 지혜로운 자들을 당황케 하고 권세 있는 자들을 겸손하게 한다. 그 힘이 바로 하나님의 영광을 위해 평범한 남녀들을 통해 역사하시는 하나님의 능력이다.

'왜 그리스도인으로서 나의 삶은 흥미진진하지도 만족스럽지도 못할까? 매순간 하나님의 능력을 경험하며 살 수 있는 방법은 무엇일까? 내 삶에서 주 예수를 나타낼 수 있도록 어떻게 능력을 공급받을 수 있을까?' 당신이 평범한 그리스도인이라면 의심할 여지없이 '내 생활에는 풍성함이 없다. 그리스도를 증거하려 해도 아무도 내 말에 흥미를 보이지 않는다. 나는 회의와 두려움과 좌절과 패배만 경험한다. 그리스도인의 생활이 좀 더 나은 무엇인가가 있을 텐데 나는 아직 그것을 발견하지 못했다.'고 생각하고 있을 것이다.

한때 나는 그리스도인들을 전도하고 성결한 삶을 살도록 도전하는 사역을 했다. 많은 시간과 에너지를 이 사역에 쏟았지만 결과는 너무 실망스러웠다. 그러나 나는 전도하는 일을 멈추지 않았다. 마침내 하나님께서는 전도하는 것에 복을 주셨고 많은 열매를 맺게 하셨다. 몇 해가 지나면서 성령께서는 모든 그리스도인들이 영적인 잠에서 깨어나 그리스도의 제자로 거듭나기만 한다면 그들 안에 위대한 잠재력이 있다는 것도 깨닫게 하셨다. 그리스도인들이 자신의 의지를 그리스도께 양도하고 성령 충만을 받고 전도와 제자훈련을 받는다면 생명력 있고 역동적이며 전도하는 그리스도인이 될 수 있다는 것을 확신하게 되었다.

차이점

오늘날의 교회와 초대교회는 아주 큰 차이가 있다. 어떤 신학자들은 그것이 헌신의 차이라고 말한다. 그러나 전 세계의 많은 사람들이 하나님께 기도하고, 매일 자신의 삶을 그리스도께 헌신하지만 여전히 영적 무기력과 패배의 삶을 살고 있다. 그 이유는 무엇인가? 마태복음 5:6은 "의에 주리고 목마른 자는 복이 있나니 저희가 배부를 것임이요."라고 하지 않았는가! 사랑받는 제자 요한은 요한일서 1:5-7에서 예수님의 말씀을 인용하면서 '하나님은 빛이시며 그에게는 어두움이 조금도 없으시고 우리가 빛 가운데 행하면 우리는 하나님과 그 아들과 사귐을 갖게 된다.'고 하지 않았는가!

우리는 영적 빈곤 속에서 살 필요가 없다. 하나님의 말씀에는 모든 그리스도인들에게 적용되는 수천 가지 약속들이 기록되어 있다. 그 중에는 하나님의 사랑(요 3:16), 영원한 생명(롬 6:23), 죄 용서(요일 1:9), 물질적 필요를 공급하심(빌 4:19), 우리의 갈 길을 인도하심(시 37:23), 성공적인 기도생활의 비결(요 15:7), 풍성한 삶에 대한 약속(요 10:10하), 거룩한 삶에 대한 복의 약속(대하 16:9), 모든 것이 합력하여 선을 이룬다는 확신(롬 8:28), 시험으로부터의 구원(고전 10:3), 두려움을 극복함(요일 4:18) 등이 있다. 성경은 모든 그리스도인들이 사랑, 기쁨, 평안, 믿음 등 많은 유익한 특성들을 소유할 수 있다고 약속하고 있다. 그런데 왜 모든 그리스도인들이 이러한 삶의 특성을 경험하지 못하는가? 무엇이 문제인가?

빌리 그레이엄(Billy Graham) 목사는 "미국에 있는 그리스도인들 중 적어도 90퍼센트는 패배하는 삶을 살고 있다."는 조사 결과를 밝혔다. 당신도 패배하는 삶을 살고 있는 사람 중 하나일 수 있다. 당신은 하나님을 향한 마음을 갖고 있을 수도 있고 열심히 성경을 읽고 기도하고 전도하고 교회에서 적극적으로 활동할 수도 있다. 그러나 당신은 여전히 패배하는 싸움을 하고 있다. 유혹이 온다. 당신은 미온적으로 저항하다가 시험에 굴복하고 마침내 패배한다. 당신은 존 번연의 『천로역정』에 나오는 그리스도인과 같이 절망의 수렁 속을 여러 달 동안 여행한다. 그때 부흥회나 수양회에 참석하여 잠시 동안 정상에 올라간다. '올라갔다, 내려갔다, 승리했다, 패배했다'를 반복한다! 그러다가 로마서 7:24의 바울처럼 "오호라 나는 곤고한 사람이로다 이 사망의 몸에서 누가 나를 건져 내랴?"라고 외친다.

CCC의 총재로서 해마다 수많은 학생들에게 설교하는 것은 나의 특권이었다. 한번은 프린스턴대학에서 설교를 마친 후, 한 학생이 전도의 '열매'가 없는 것에 대해 근심하며 나를 찾아왔다. "저는 매일 한 시간 동안 성경 읽고, 한 시간 동안 기도하고, 한 시간 동안 전도를 합니다. 저는 캠퍼스의 모든 신앙 모임에 참석합니다. 그러나 저는 한 사람도 그리스도에게 인도하지 못했습니다. 제게 무슨 문제가 있는 것일까요?" 그는 하나님을 기쁘시게 하고 그의 친구들이 예수님을 알게 되기를 원했다. 그의 마음이나 행동은 모범적인 그리스도인이었다.

이 젊은이와 상담을 하면서 성령의 인격과 사역을 설명하는 몇 개의 중요한 구절을 찾아보았다. 나는 성령 충만 받으라는 하나님의 명령(엡 5:18)과 그의 뜻대로 무엇이든지 구하면 들어 주시겠다는 하나님의 약속에 근거해서(요일 5:14-15) 믿음으로 성령 충만 받는 것에 대해 나누었다.

그가 믿음으로 성령 충만을 구했을 때, 하나님께서 승리의 확신과 말할 수 없는 기쁨을 주셨다. 그는 기쁨과 기대하는 마음을 가지고 상담실을 떠났다. 전에는 알지 못했던 믿음으로 성령 충만함을 경험한 그는 자신의 생애에 무엇인가 중요한 일이 일어났다는 것을 알게 되었다. 그는 새롭게 되었다. 더 이상 두려워하지 않고 무기력하지도 않았다. 그는 하나님을 믿는 믿음과 능력을 소유함으로 담대해졌다. 하나님께서 그를 통해 일하시는 것들을 보고 싶어 더 이상 기다릴 수 없었던 그는 "주여, 당신이 오늘 저를 인도하셔서 만나게 할 첫 사람은 누구입니까?"라고 기도했다.

성령께서는 이 청년이 그동안 여러 번 전도했지만 실패했던 그의 친구에게로 인도하셨다. 그는 달라진 점을 발견했다. 하나님께서 그 친구의 마음을 준비해 놓으셨고 그가 그리스도를 영접하자 두 사람은 같이 머리 숙여 기도했다. 이 놀라운 경험은 다음날도 보이지 않는 손에 이끌리듯 다른 학생에게서 일어났다.

이것은 이상한 일이 아니다. 성경은 "나를 보내신 아버지께서 이끌지 아니하면 아무라도 내게 올 수 없으니"(요 6:44)라고 우리에게 말씀하기 때문이다. 성령의 능력으로 프린스턴대학의 이 청년은 동료와 친구들을 날마다 그리스도께로 인도했다. 그의 삶은 놀랍게 변화되었으며 하나님의 능력을 받았고 하나님께 귀하게 쓰임받았다.

한 젊은 사역자가 미국의 가장 훌륭한 신학교 중 한 곳에서 학사와 석사 학위를 받았지만 전도의 열매가 거의 없었다. 그렇지만 믿음으로 성령의 능력을 활용하는 법을 배우면서 기대감과 기쁨을 경험했고 이로 인해 승리하며 열매 맺는 삶을 살게 되었다. 대학생수련회에 참석했던 한 수줍음이 많은 학생은 잃어버린 영혼에 대한 관심은 있었으나 사람에 대한 두려움 때문에 패배와 좌절감에 사로잡혀 있었다. 하지만 하나님의 능력과 사랑과 믿음이 그를 사로잡았을 때 이전에는 도저히 불가능하다고 생각했던 기쁨과 열매를 경험했다. 두려움과 좌절감은 사라지고 용기와 승리가 찾아왔다.

또 한 예로 성령의 능력에 대해 듣고, 믿었으며, 받아들이고 자기 것으로 삼은 어떤 신실한 사람은 복음증거가 더 이상 의무가 아니라 기쁨이라는 것을 발견했다. 후에 그는 "마치 감옥에서 풀려 나온 듯한 기분"이라고 외쳤다.

새롭고 신비한 생명

나는 예수께서 하신 아래의 약속들을 발견한 후, 열매 없이 좌절의 삶을 살았던 사람들이 믿음으로 성령의 능력을 자기 것으로 삼아 열매 맺으며 승리의 삶을 살게 된 예들을 많이 알고 있다.

"나를 따라 오라 내가 너희를 사람을 낚는 어부가 되게 하리라"(마 4:19).

"너희가 열매를 많이 맺으면 내 아버지께서 영광을 받으실 것이요"(요15:8).

"너희가 나를 택한 것이 아니요 내가 너희를 택하여 세웠나니 이는 너희로 가서 열매를 맺게 하고 또 너희 열매가 항상 있게 하여 내 이름으로 아버지께 무엇을 구하든지 다 받게 하려 함이니라"(요 15:16).

"내가 아버지께 구하겠으니 그가 또 다른 보혜사를 너희에게 주사 영원토록 너희와 함께 있게 하리니 그는 진리의 영이라 세상은 능히 그를 받지 못하나니 이는 그를 보지도 못하고 알지도 못함이라 그러나 너희는 그를 아나니 그는 너희와 함께 거하심이요 또 너희 속에 계시겠음이라"(요 14:16, 17).

"내가 아버지께로부터 너희에게 보낼 보혜사 곧 아버지께로부터 나오시는 진리의 성령이 오실 때에 그가 나를 증언하실 것이요"(요 15:26).

"그러나 내가 너희에게 실상을 말하노니 내가 떠나가는 것이 너희에게 유익이라 내가 떠나가지 아니하면 보혜사가 너희에게로 오시지 아니할 것이요 가면 내가 그를 너희에게로 보내리니 그가 와서 죄에 대하여, 의에 대하여, 심판에 대하여 세상을 책망하시리라 죄에 대하여라 함은 그들이 나를 믿지 아니함이요 의에 대하여라 함은 내가 아버지께로 가니 너희가 다시 나를 보지 못함이요 심판에 대하여라 함은 이 세상 임금이 심판을 받았음이라 내가 아직도 너희에게 이를 것이 많으나 지금은 너희가 감당하지 못하리라 그러나 진리의 성령이 오시면 그가 너희를 모든 진리 가운데로 인도하시리니 그가 스스로 말하지 않고 오직 들은 것을 말하며 장래 일을 너희에게 알리시리라 그가 내 영광을 나타내리니 내 것을 가지고 너희에게 알리시겠음이라"(요 16:7-14).

"오직 성령이 너희에게 임하시면 너희가 권능을 받고 예루살렘과 온 유대와 사마리아와 땅 끝까지 이르러 내 증인이 되리라 하시니라"(행 1:8).

수 세기에 걸쳐 그리스도를 따르던 자들은 지극히 평범한 사람들이었다. 그러나 그들은 성령 충만을 받은 후 베드로와 제자들이 그랬던 것처럼 완전히 변화된 삶을 살았다. 더 이상 평범한 사람이 아니었다. 하나님의 능력의 도구가 되었다. 그들의 패배는 승리로 변했고, 의심과 두려움은 확신과 믿음의 큰 기쁨이 되었다. 그들은 "천하를 어지럽게 했다"(행 17:6).

예수님을 세 번이나 부인한 겁 많던 베드로는 오순절에 담대하게 설교했다. 그의 설교로 3,000명과 5,000명의 사람들이 예수를 믿었고 교회에 나오기 시작했다. 초기 제자들은 새롭고 신비한 생명을 소유했다. 이 생명은 첫 1세기 동안 사악한 로마 제국의 중심을 변화시키는 놀라운 능력을 발휘했다. 밧모섬에 유배되어 죽은 요한을 제외한 모든 제자들이 담대하게 순교했다. 제자들의 이 놀라운 능력의 삶은 그들이 함께 모여 성령 충만을 받았던 오순절에 시작되었다. 이 성령의 능력은 수 세기에 걸쳐 수백만의 사람들이 생명력 있고 역동적인 삶을 살도록 이끌었다.

당신은 성령에 관해 무엇을 알고 있는가? 성령이 어떤 분인지 성경을 함께 살펴보자.

제1과

성령은 누구신가?

학 습 목 표 : 성령이 누구시며 왜 오셨는지를 배운다.

1 성령은 누구신가?

성령은 삼위일체(성부, 성자, 성령) 하나님의 제3위이시다. 그분은 모호한 우주적인 힘이나 어떤 추상적 개념이나 비인격적 능력이 아니다. 성령은 인격이시며 모든 면에서 성부, 성자와 동등하신 하나님이시다. 그분은 하나님의 모든 속성을 소유하고 계신다.

성경에 삼위일체라는 말은 나오지 않는다. 이것은 신학자들이 성경을 연구한 결과 만든 용어이다. 고린도후서는 삼위일체 하나님을 다음과 같이 소개한다.

"주 예수 그리스도의 은혜와 하나님의 사랑과 성령의 교통하심이 너희 무리와 함께 있을지어다"(고후 13:13)

1) 성령은 삼위일체 하나님이시다.

(1) 예수님은 성령님을 어떻게 소개하시는가? (요 15:26)

(2) 성경은 성령을 어떻게 소개하는가? (롬 8:9)

2) 성령은 인격이다.

인격은 지, 정, 의로 구성된다. 다음 성경 구절들은 어떤 면에서 성령이 지, 정, 의를 가지고 계심을 말해 주는가?

(1) 지성(고전 2:11)

> 고린도전서 2:11 사람의 일을 사람의 속에 있는 영 외에 누가 알리요 이와 같이 하나님의 일도 하나님의 영 외에는 아무도 알지 못하느니라

(2) 감정(롬 15:30)

로마서 15:30 형제들아 내가 우리 주 예수 그리스도와 성령의 사랑으로 말미암아 너희를 권하노니 너희 기도에 나와 힘을 같이하여 나를 위하여 하나님께 빌어

(3) 의지(고전 12:11)

고린도전서 12:11 이 모든 일은 같은 한 성령이 행하사 그의 뜻대로 각 사람에게 나누어 주시는 것이니라

3) 성령은 하나님과 동일한 속성을 가지고 계신다. 아래 성경 구절들은 성령이 어떤 속성을 가지신다고 말하는가?

(1) 히브리서 9:14

히브리서 9:14 하물며 영원하신 성령으로 말미암아 흠 없는 자기를 하나님께 드린 그리스도의 피가 어찌 너희 양심을 죽은 행실에서 깨끗하게 하고 살아 계신 하나님을 섬기게 하지 못하겠느냐

(2) 시편 139:7

시편 139:7 내가 주의 영을 떠나 어디로 가며 주의 앞에서 어디로 피하리이까

2 성령은 왜 오셨는가?

1) 성령이 오신 제일 중요한 목적은 무엇인가? (요 16:14)

2) 성령이 하시는 역할은 무엇인가?

(1) 요한복음 3:5

(2) 요한복음 14:16, 26

(3) 요한복음 16:7-8

(4) 사도행전 1:8

(5) 사도행전 13:2

(6) 로마서 8:26

(7) 데살로니가후서 2:13

결론과 요약

성령은 누구신가?

성령은 삼위일체(성부, 성자, 성령) 하나님의 제3위이시다. 그는 어떤 모호하고 영적인 그림자나 비인격적 힘이 아니다. 모든 면에서 아버지와 아들과 동등하신 분이시다. 모든 하나님의 속성이 성령에게도 고스란히 담겨있다.

그는 무한한 지성(고전 2:11)과 의지(고전 12:11)와 감정(롬 15:30)을 갖고 계신다. 부흥에 대한 최고의 권위자인 에드윈 오어 박사(Dr. J. Edwin Orr)는 성령을 다음과 같이 설명했다. "그리스도 군대의 총지휘관인 그는 추수의 주인이며, 부흥과 전도와 선교활동의 최고 권위자이시다. 그의 동의 없이는 모든 계획이 실패하고 만다. 교회의 부흥이나 세계 복음화는 그의 전략과 계획에 순응해야 하며 우리들의 능란한 활동도 그의 계획에 일치하지 않으면 안 된다."

성령에 관한 최초의 언급은 창세기 1:2에 나온다. 성령의 영향은 구약 성경의 도처에 기록되어 있으며 예수님의 생애와 사역에 더욱 현저히 나타난다. 마침내, 예수님께서 승천하셔서 권능의 보좌인 하나님 우편에 앉으신 후 하나님께서는 성령을 '보혜사(comforter)' 또는 '돕는 자(helper)'로 보내셨다(요 14:26; 15:26). 보혜사 또는 돕는 자는 헬라어로 **파라클레토스**(paracletos)인데 그리스도인의 동료요 친구로서 '옆에 계신 분' 또는 그리스도 안에 있는 성도들의 활기를 돋우시며 강건하게 하시고 능력을 주시는 분이다.

성령은 다음과 같이 불린다.

* 하나님의 성령(고전 3:16).
* 그리스도의 영(롬 8:9).
* 생명의 성령(롬 8:2).
* 진리의 성령(요 16:13).

* 은혜의 성령(히 10:29).

* 약속의 성령(엡 1:13).

성령은 왜 오셨는가?

성령은 예수 그리스도를 증거 하시고 그분을 영화롭게 하기 위해 오셨다(요 16:13-14). 예수님께서 아버지를 높이시고 드러내시기 위해 오신 것처럼 성령께서도 아들이신 예수 그리스도를 높이고 영화롭게 하기 위해 오셨다.

그러므로 성령의 지배를 많이 받을수록 주님을 더욱 사랑하고 섬기게 되며 그리스도의 사랑과 임재를 더욱 알게 되는 것은 논리적으로 당연한 일이다.

우리가 성령 충만을 받을 때 그리스도 예수로 충만해지는 것이다. 예수 그리스도로 충만할 때 우리 자신의 힘보다 훨씬 큰 능력이 우리 안에서 그리고 우리를 통해서 역사하게 되어 승리의 삶을 살게 된다.

적용

1. 이 과에서 당신에게 가장 의미 있는 것은 무엇인가?

2. 당신이 이제까지 성령에 대해 알았던 것과 이 과에서 배운 것과의 차이점은 무엇인가?

과거에 알았던 성령에 대한 견해	새롭게 갖게 된 성령에 대한 견해

외울 말씀 요한복음 16:13-14

13그러나 진리의 성령이 오시면 그가 너희를 모든 진리 가운데로 인도
하시리니 그가 스스로 말하지 않고 오직 들은 것을 말하며 장래 일을
너희에게 알리시리라 14그가 내 영광을 나타내리니 내 것을 가지고
너희에게 알리시겠음이라

읽을 말씀 요한복음 3:1-8; 로마서 8장

제2과

성령과 나

학 습 목 표 : 그리스도인의 삶을 위한 성령의 사역과 능력을 배울 수 있다.

1 성령이 나를 위해 하시는 일

1) 그리스도인이 되었을 때 성령께서 당신을 위하여 행하시는 일들은 무엇인가?

(1) 요한복음 3:5

거듭나는 것은 육체가 아니라 영적으로 다시 태어나는 것을 말한다. 출생은 육체적 생명의 전달이지만 거듭남은 영적 생명의 전달이다. 인간은 거듭나기 전에는 영적으로 죽었다. 죽은 사람이 필요로 하는 단 한가지는 바로 생명이다.

(2) 고린도전서 3:16

(3) 에베소서 1:13

(4) 고린도전서 12:13

2) 그리스도인이 되고 난 후 성령께서 당신에게 어떤 능력을 주시는가?

(1) 고린도전서 6:11

> 고린도전서 6:11 너희 중에 이와 같은 자들이 있더니 주 예수 그리스도의 이름과 우리 하나님의 성령 안에서 씻음과 거룩함과 의롭다 하심을 받았느니라

(2) 갈라디아서 5:22-23

갈라디아서 5:22-23 22오직 성령의 열매는 사랑과 희락과 화평과 오래 참음과 자비와 양선과
충성과 23온유와 절제니 이같은 것을 금지할 법이 없느니라

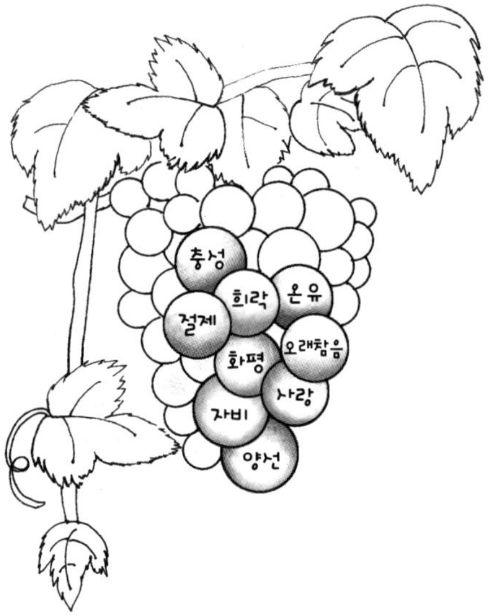

(3) 사도행전 4:31

사도행전 4:31 빌기를 다하매 모인 곳이 진동하더니 무리가 다 성령이 충만하여 담대히 하나님의 말씀을 전하니라

(4) 스가랴 4:6

스가랴 4:6 그가 내게 대답하여 이르되 여호와께서 스룹바벨에게 하신 말씀이 이러하니라 만군의 여호와께서 말씀하시되 이는 힘으로 되지 아니하며 능력으로 되지 아니하고 오직 나의 영으로 되느니라

그 외에도 나에게 사랑할 능력을 주시고(롬 5:5), 성령의 은사를 주시고(고전 12:11), 분별하는 능력을 주시고(고전 2:14-15), 기도할 수 있게 하시는(엡 6:18) 등 성령이 우리에게 주실 수 있는 능력은 무한하다(더 많은 것들은 성경을 읽으며 찾아보라).

2 나의 현주소는?

1) 위에서 언급한 성령의 능력 중 현재 당신이 누리고 있는 성령의 능력은 무엇인가? 누리지 못하는 영역이 있다면 그것은 무엇인가? 왜 누리지 못하는가?

2) 당신은 진심으로 능력 있는 성령 충만한 삶을 살기 원하는가?

결론과 요약

성령과 그리스도인과의 관계는 어떠한가?

요한복음 1:12, 3:5과 고린도후서 5:17에 의하면 그리스도인은 예수 그리스도를 자신의 삶에 주님과 구주로 영접한 사람이다.

영적으로 거듭날 때 성령은 다음과 같은 일을 하신다.

* 우리를 거듭나게 하신다(요 3:5).
* 우리 안에 거하시기 위해 들어오신다(고전 3:16).
* 그리스도 안에 우리를 인치신다(엡 1:13; 4:30).
* 우리가 언젠가 받게 될 유산을 보증해 주신다(고후 5:5).
* 우리에게 세례를 주어 그리스도와 한 몸이 되게 하신다(고전 12:13; 갈 3:27; 롬 6:3-4).
* 주님을 섬길 수 있도록 충만케 하시고 능력을 주신다(행 1:8).

성령께서 이루시는 이러한 일들은 그리스도 안에서 우리가 어떤 위치에 있는가를 말해 준다. 그리고 이러한 진리들은 우리에게 '너희가 내 안에, 내가 너희 안에 거하는'(요 14:20), 그리스도와 우리의 연합이라는 놀라운 사실을 알려 준다.

우리는 우리의 연약함을 그의 강함으로, 우리의 죄성과 패배를 그의 거룩함과 승리로 교환한다. 그리스도와의 연합의 결과로 우리 각 사람은 능력 있는 전도와, 죄를 이기는 삶을 살 수 있는 능력을 갖게 된다.

성령의 사역은 그리스도를 영화롭게 하는 것이다. 이제 예수 그리스도는 그의 완전한 뜻을 이루기 위해 우리 안에서 그리고 우리를 통해 역사하실 수 있는 기회를 가지시게 된다.

우리 각자는 그리스도를 위해 열매 맺는 증인이 되기 위해 성령 충만을 받아야 한다.

“오직 성령이 너희에게 임하시면 너희가 권능을 받고 예루살렘과 온 유대와 사마리아와 땅 끝까지 이르러 내 증인이 되리라”(행 1:8)

성령 충만함과 관련된 신 · 구약의 모든 성경 구절은 봉사와 전도를 위한 능력과 관련되어 있다. 성령 충만으로 인해 우리는 능력에 대한 잠잠한 확신과 그리스도와 그의 말씀에 대한 큰 깨달음 그리고 감정적인 경험까지 다양하게 경험할 수 있다. 물론 성령 충만할 때 우리에게 감정적 경험이 따를 수도 있고 그렇지 않을 수도 있다.

고린도전서 12장은 그리스도인들 모두가 그리스도의 몸의 지체라고 가르친다. 우리 몸의 다양한 지체가 각기 다른 기능을 갖고 있는 것처럼 그리스도인들도 하나님 나라에서 각각 다른 역할과 책임을 갖고 있다. 성령께서는 그리스도인들이 지체로서 자신의 역할과 책임을 감당할 수 있도록 성령으로 충만하게 하시며 또한 능력과 은사를 주신다. 성령께서 그분의 뜻대로 각 사람에게 알맞은 은사를 주신다. 성령의 은사를 나눠주시는 방식에 대해서는 성령께 맡겨야 한다. “성령 충만의 경험”이나 성령의 은사는 다른 사람의 것을 모방하려 해서도 안 된다. 또한 우리는 다른 사람의 은사를 경시해서도 안 된다. 고린도전서 13장에 의하면, 성령의 은사는 사랑이 없으면 아무 유익이 없다고 말한다. 에베소서 5:17-20은 다음과 같은 권면을 하고 있다.

“그러므로 어리석은 자가 되지 말고 오직 주의 뜻이 무엇인가 이해하라 술 취하지 말라 이는 방탕한 것이니 오직 성령으로 충만함을 받으라 시와 찬송과 신령한 노래들로 서로 화답하며 너희의 마음으로 주께 노래하며 찬송하며 범사에 우리 주 예수 그리스도의 이름으로 항상 아버지 하나님께 감사하며”

사도 바울은 성령 충만한 그리스도인은 하나님의 뜻을 알고, 그에게 나타나는 기쁨, 담대함과 용기 때문에 성령으로 취해 있는 인상을 줄 수 있다고 암시한다.

또한 성령 충만한 그리스도인은 끊임없이 하나님을 찬송하며 모든 일에 감사를 드린다. 육적인 상태로는 깨닫지 못했던 것, 즉 자신의 존재와 자신이 하는 모든 일들이 하나님의 은혜로 된 것을 깨닫는다.

오순절에 시작하여 수 세기를 통해 계속되는 하나님의 일은 베드로, 바울, 그 외의 제자들과 같이 성령으로 충만한 사람들을 통해서 이루어져 왔다. 근세에는 존 웨슬리(John Wesley), 조나단 에드워드(Jonathan Edwards), 찰스 피니(Charles Finney), 드와이트 무디(Dwight L. Moody), 찰스 스펄전(Charles Spurgeon), 토레이(R. A. Torrey), 빌리 그레이엄(Billy Graham) 등 수십 명의 성령 충만한 기독교 지도자들이 주님과 주님의 나라를 위해 크게 쓰임 받았다. 그러나 성령 충만 받는 것은 기독교 지도자들에게만 제한된 것이 아니다. 하나님의 조건에 합당한 모든 그리스도인들에게 주어진 것이다. 하나님의 사람들이 말하는 성령 충만의 중요성에 대해 들어보자.

그리스도인은 온 마음을 다하여 성령 충만을 구해야 한다. 그리스도인이나 교회가 성령 충만을 받지 않고서 하나님이 원하시는 대로 살거나 일하는 것은 절대로 불가능하다.

– 앤드류 머레이(Andrew Murray)

그리스도인들이 성령 충만을 받지 않는 것은 죄인들이 회개하지 않는 것처럼 죄를 짓는 것이다. 아니 그 이상이다.

– 찰스 피니(Charles G. Finney)

성령 충만한 생활, 성령의 충만함이 계속되는 생활만이 하나님을 기쁘시게 할 수 있는 유일한 생활이다.

– 노만 해리슨(Norman B. Harrison)

성령 충만의 제일 목적은 봉사를 위한 능력이다. 내가 아는 바 하나님이 가장 귀하게 쓰신 그리스도인은 성령 충만의 깊은 경험을 증언했던 사람들이었다.

– 에드윈 오어(J. Edwin Orr)

성령으로 충만하지 않고서는 어느 그리스도인도 그의 생활이나 사역에서 열매 맺는 것이 불가능하다고 믿는다.

– 헨리에타 미어즈(Henrietta C. Mears)

하나님의 사람들의 전기를 읽어보라. 그러면 그들 각자가 하늘로부터 능력 주심을 구하여 얻었다는 것을 알게 될 것이다. 기름 부어진 한 번의 설교는 육체적인 정력을 쏟은 천 번의 설교보다 훨씬 가치가 있다.

– 오스왈드 스미스(Oswald J. Smith)

성령이 모든 그리스도인에게 내주하신다는 것과 성령 충만이 동반하는 특별한 능력은 기독교 지도자들에게만 제한되어 있는 것이 아니라는 것을 다시 명확히 하고 싶다.

모든 그리스도인들은 성령 충만의 특권이 있으며 동시에 성령 충만 받으라는 권고를 받고 있다(엡 5:18). 그러므로 그리스도인이 성령 충만하지 못하다면 그는 하나님께 불순종의 죄를 짓고 있는 것이다. 하나님께서는 성령 충만 받으라고 명령하셨기 때문에 우리가 성령 충만을 요청하는 바로 그 순간 하나님께서 우리를 성령으로 충만하게 하실 것을 확신할 수 있다. 하나님의 약속의 말씀과 개인적인 관찰과 경험을 통해 내가 배운 것은, 예수님께서는 우리가 원하는 것 이상으로 우리가 그의 사랑과 용서를 체험하고 봉사를 위한 능력을 받으며 죄악을 이기는 승리의 삶을 살기를 원하신다는 것이다. 우리가 성령 충만 받기를 원하는 것보다 예수님이 성령으로 우리를 충만하게 하기를 훨씬 더 간절히 원하신다.

적용

1. 이 과에서 당신에게 가장 의미 있는 것은 무엇인가?

2. 당신의 삶에서 역사하시는 성령에 대해 새롭게 알게 된 사실은 무엇인가?

외울 말씀 에베소서 5:8

너희가 전에는 어둠이더니 이제는 주 안에서 빛이라 빛의 자녀들처럼
행하라

읽을 말씀 갈라디아서 5-6장; 사도행전 5:1-11

제3과

성령 충만은 어떻게 받는가?

학 습 목 표 : 성령 충만이 무엇이며 어떻게 성령 충만을 받고 체험할 수 있는지 배운다.

믿음으로 성령 충만을 받는 방법을 아는 것은 그리스도인에게 가장 중요한 발견이다. 우리가 믿음으로 그리스도를 영접했던 것처럼 믿음으로 성령 충만을 받는다. 우리는 영적 탄생의 순간부터 죽을 때까지 하나님께로부터 오는 모든 것을 믿음으로 받는다. 성령 충만 받기를 원하는가? 당신은 바로 지금 믿음으로 성령 충만을 받을 수 있다. 이 과를 통해 어떻게 성령 충만을 받을 수 있는지 알 수 있을 것이다.

1 알아야 할 사실

1) 에베소서 5:18의 명령은 무엇인가?

2) '성령 충만'의 뜻은 무엇인가?

3) 요한일서 5:14-15의 약속은 무엇인가?

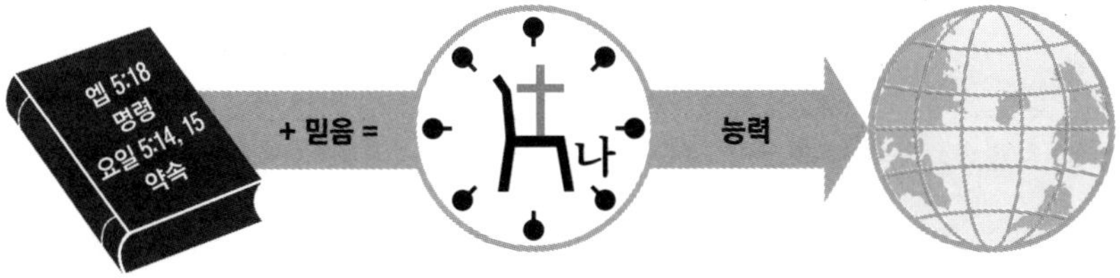

2 해야 할 일

1) 성령 충만의 필수 조건은 무엇인가?

(1) 마태복음 5:6

마태복음 5:6 의에 주리고 목마른 자는 복이 있나니 그들이 배부를 것임이요

(2) 로마서 12:1-2

로마서 12:1-2 [1]그러므로 형제들아 내가 하나님의 모든 자비하심으로 너희를 권하노니 너희
몸을 하나님이 기뻐하시는 거룩한 산 제물로 드리라 이는 너희가 드릴 영적 예배니라 [2]너희는
이 세대를 본받지 말고 오직 마음을 새롭게 함으로 변화를 받아 하나님의 선하시고 기뻐하시
고 온전하신 뜻이 무엇인지 분별하도록 하라

(3) 갈라디아서 2:20

갈라디아서 2:20 내가 그리스도와 함께 십자가에 못 박혔나니 그런즉 이제는 내가 사는 것이 아니요 오직 내 안에 그리스도께서 사시는 것이라 이제 내가 육체 가운데 사는 것은 나를 사랑하사 나를 위하여 자기 자신을 버리신 하나님의 아들을 믿는 믿음 안에서 사는 것이라

그리스도인의 몸은 그리스도의 뜻을 성취하기 위해 쓰이는 주님의 몸이 되고, 마음은 그리스도의 생각을 품은 주님의 마음이 되고, 의지는 주님의 의지의 지배를 받고, 인격과 시간과 재능은 남김없이 주님의 것이 된다. 그리스도는 더 이상 당신 삶의 손님이 아니다. 그분에게 당신 인생의 집 전체를 양도하여 문패를 바꿔 달고 모든 열쇠를 다 맡기는 것이다.

(4) 마태복음 7:7-11

마태복음 7:7-11 [7]구하라 그리하면 너희에게 주실 것이요 찾으라 그리하면 찾아낼 것이요 문
을 두드리라 그리하면 너희에게 열릴 것이니 [8]구하는 이마다 받을 것이요 찾는 이는 찾아낼 것
이요 두드리는 이에게는 열릴 것이니라 [9]너희 중에 누가 아들이 떡을 달라 하는데 돌을 주며 [10]
생선을 달라 하는데 뱀을 줄 사람이 있겠느냐 [11]너희가 악한 자라도 좋은 것으로 자식에게 줄
줄 알거든 하물며 하늘에 계신 너희 아버지께서 구하는 자에게 좋은 것으로 주시지 않겠느냐

2) 어떻게 성령 충만을 받을 수 있는가?

당신은 에베소서 5:18의 **명령**과 요한일서 5:14-15의 **약속**에 의해 오직 믿음으로 성령 충만을 받을 수 있다. 기도는 당신의 믿음을 표현하는 한 가지 방법이다. 당신이 성령 충만 받기를 원한다면 지금 이 자리에서 다음과 같이 기도하라.

"사랑하는 하나님 아버지, 저는 주님이 필요합니다. 제가 저의 삶을 다스려왔고 그 결과로 죄를 지었음을 고백합니다. 예수 그리스도께서 십자가에 죽으심으로 저의 모든 죄를 용서해 주심을 감사합니다. 주님께서 성령 충만 받으라고 명령하시고, 믿음으로 구하면 주시겠다고 약속하신 말씀대로 저를 성령으로 충만하게 하옵소서. 주님께서 제 삶의 중심을 취하여 주시고 저를 다스리심을 감사 드리며 예수님의 이름으로 기도합니다. 아멘"

3 기억해야 할 사실

1) 믿음으로 성령 충만을 확신해야 한다.

당신이 그에게 간구하면 성령께서 당신을 충만하게 채워 주신다. 당신은 믿음으로 그리스도를 영접했듯이 믿음으로 성령 충만 받는다.

2) 감정에 의존하지 말아야 한다.

우리의 믿음은 하나님과 그의 말씀 곧 성경에 근거하는 것이지 우리 자신의 느낌이나 감정에 근거하는 것이 아니다. 그리스도인은 하나님과 그의 말씀을 믿는 믿음으로 사는 것이다. 특별한 느낌이 있을 수도 있지만 없을지라도 안심하라. 다음 기차 그림은 사실(하나님과 그의 말씀)과 믿음(하나님과 그의 말씀에 대한 우리의 신뢰)과 감정(우리의 믿음과 순종의 결과)과의 관계를 설명해 주고 있다(요 14:21).

기차는 객차가 있으나 없으나 달릴 수 있다. 그러나 객차로 그 기차를 끌려고 하는 것은 어리석은 일이다. 마찬가지로 우리도 느낌이나 감정에 의존하는 것이 아니라 하나님과 그의 말씀의 신실성에 믿음의 근거를 두어야 한다.

4 영혼의 호흡

승리하는 삶을 살기 위해서 그리스도인은 순간순간 의지적으로 성령 충만을 받아야 한다. 어떻게 지속적으로 성령 충만을 받고 계속 성령 안에서 살아갈 수 있을까?

하나님과 그의 말씀을 신뢰하는 믿음으로 순간순간 영혼의 호흡을 할 때 성령 안에서 살아갈 수 있다. 우리가 숨을 쉴 때 더러운 것을 내뿜고 깨끗한 것을 들이마시는 것처럼, 영혼의 호흡은 죄를 고백하고(내쉼) 성령 충만을 받는 것(들이쉼)이다.

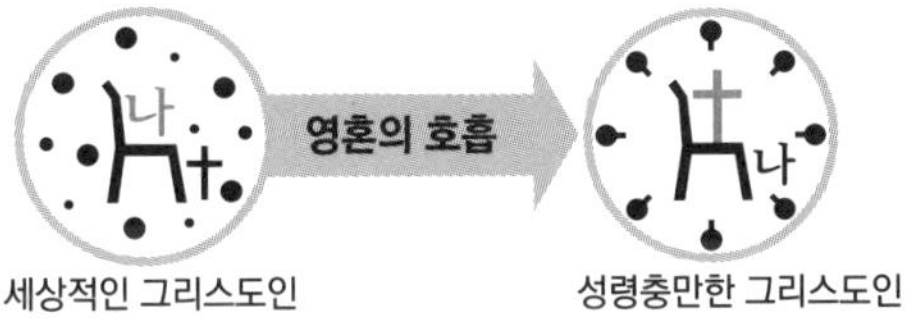

내쉼 : 요한일서 1:9의 말씀에 따라 당신의 생활 가운데 지은 죄를 고백하라.

> 요한일서 1:9 만일 우리가 우리 죄를 자백하면 그는 미쁘시고 의로우사 우리 죄를 사하시며 우리를 모든 불의에서 깨끗하게 하실 것이요

고백에는 다음과 같은 요소들이 포함된다.

동의 – 하나님이 지적하시는 죄에 대해 동의하고 인정하는 것이다.

감사 – 지적하신 죄를 위하여 예수 그리스도께서 십자가에서 죽으심으로 이미 죗값을 지불하셨음에 감사하는 것이다.

회개 – 그 죄에서 돌아서서 성령의 능력을 힘입어 마음의 태도와 행동을 바꾸는 것이다.

들이쉼 : 하나님의 명령과 약속에 따라 믿음으로 성령 충만을 구하고 당신의 삶을 성령께 맡기라.

명령: 하나님이 우리에게 성령으로 충만함을 받으라고 명령하셨다(엡 5:18).

> 에베소서 5:18 술 취하지 말라 이는 방탕한 것이니 오직 성령으로 충만함을 받으라

약속: 하나님의 뜻대로 기도하면 언제나 응답하신다고 약속하셨다(요일 5:14, 15)

> 요한일서 5:14-15 [14]그를 향하여 우리가 가진 바 담대함이 이것이니 그의 뜻대로 무엇을 구하면 들으심이라 [15]우리가 무엇이든지 구하는 바를 들으시는 줄을 안즉 우리가 그에게 구한 그것을 얻은 줄을 또한 아느니라

결론과 요약

성령 충만한 삶이란 무엇인가?

성령 충만한 삶은 그리스도로 충만한 삶이다. 로마서 6:11에 의하면, 성령 충만한 그리스도인은 스스로를 죄에 대하여 죽은 자로 그리스도 예수 안에서 하나님께 대하여는 산 자로 여기는 사람이다. 하늘과 땅의 모든 권세(마 28:18)를 갖고 계신 예수님이 이런 성령 충만한 그리스도인을 통해 그 능력을 나타내신다. 잃어버린 자를 찾아 구원하러 오신 그분은 이제 그리스도인들을 통해 잃어버린 자들을 찾고 계신다. 그는 잃어버린 자들과 곤경에 처한 사람들에게로 그리스도인들의 발걸음을 인도하신다. 그는 그리스도인들의 입술을 통해 그의 사랑을 말씀하신다. 그의 긍휼의 마음은 성령 충만한 그리스도인들의 삶에서 분명하게 나타나게 된다. 이것이 저 위대한 선교사 허드슨 테일러(Hudson Taylor)가 '바뀌어진 삶(exchanged life)'으로 언급했던 것이다.

그리스도는 우리가 그분을 위해 일하기를 원하지 않으신다. 우리 안에서 그리고 우리를 통해 그분이 일하기를 원하신다. 우리가 성령 충만할 때 우리가 어떤 일을 하도록 그리스도가 우리를 돕는 것이 아니라 그리스도가 우리를 통해 일하신다. 이것이 갈라디아서 2:20, 21에서 사도 바울이 "내가 그리스도와 함께 십자가에 못 박혔나니 그런즉 이제는 내가 사는 것이 아니요 오직 내 안에 그리스도께서 사시는 것이라."고 말한 영광스런 경험이다. 이제 우리 몸은 그의 뜻대로 사용되기 위한 그리스도의 몸이 된다. 우리의 지성(mind)은 그분의 관심사(His thoughts)를 생각하기 위한 그분의 지성이 되고, 우리의 의지는 이제 그분의 의지에 의해 지배받는다. 우리의 인격, 시간과 재능이 이제 남김없이 그의 것이다.

사도 바울은 계속해서 "이제 내가 육체 가운데 사는 것은 나를 사랑하사 나를 위하여 자기 몸을 버리신 하나님의 아들을 믿는 믿음 안에서 사는 것이라."고 말한다. 만일 당신의 의지를 하나님이신 성령께 순종하고 예수 그리스도를 당신의 생활 가운데 실재하시도록 매 순간 맡겨드린다면, 예수 그리스도는 성령으로 충만하며 순종하는 당신을 통해 수많은 잃어버린 사람들을 자신에게로 인도하실 것이다.

어떻게 성령 충만을 받을 수 있는가?

성령 충만을 받는다는 것은 우리가 성령을 더 받는 것이 아니라 우리 자신을 성령께 전적으로 맡기는 것을 의미한다. 우리가 성령께 자신을 맡기고 그분의 임재와 능력으로 충만하게 되었을 때 성령은 더 자유롭게 우리 안에서 그리고 우리를 통하여 역사하시고, 우리가 그리스도를 더 높이고 영화롭게 하도록 해주신다. 성령께서는 이미 모든 믿는 자들 안에 거하시므로 우리가 완전히 순종하는 순간 성령은 그의 능력으로 우리를 채우신다. 우리 자신을 성령의 지배에 맡기면 맡길수록 성령은 그의 능력으로 우리를 충만하게 하신다. 한적한 곳에 머물러 성령 충만을 받을 수도 있다.

무디(Dwight L. Moody)의 경우처럼 예수 그리스도께 당신의 의지를 드릴 참된 마음만 있다면 대도시의 복잡한 거리를 걸어가면서도 성령 충만을 받을 수 있다. 당신이 성령 충만을 받고 그 순간 놀라운 일이 일어났다는 것을 알 수도 있지만, 전혀 모를 수도 있다.

당신은 성령 충만 받기를 원하는가? 그 동기가 무엇인가? 신비한 경험을 하고 싶은가 아니면 보다 큰 능력을 가지고 주 예수 그리스도를 섬기고 싶은가? 당신은 다른 사람들이 그리스도를 만나도록 돕기를 전심으로 원하고 있는가? 아래의 과정이 당신이 성령 충만을 받을 수 있는 유일한 방법은 아니지만, 성경적이기 때문에 그리고 많은 사람들이 실제로 경험했기 때문에 이 영적인 방법을 제안한다.

아래의 단계들을 기도하는 마음으로 깊이 생각해 보라.

1) 하나님께서 "성령 충만을 받으라"고 당신에게 명령하셨다.

"술 취하지 말라 이는 방탕한 것이니 오직 성령의 충만을 받으라"(엡 5:18). 이것은 하나님의 권고다. 하나님은 당신이 경험할 수 없는 것을 하라고 요구하지 않으신다.

2) 성령 충만을 사모하라.

이것은 성령의 충만케 하심과 능력 주심을 간절히 사모하라는 말이다. 요한은 이렇게 기록하고 있다.

"명절 끝 날 곧 큰 날에 예수께서 서서 외쳐 이르시되 누구든지 목마르거든 내게로 와서 마시라 나를 믿는 자는 성경에 이름과 같이 그 배에서 생수의 강이 흘러나오리라 하시니 이는 그를 믿는 자들이 받을 성령을 가리켜 말씀하신 것이라 예수께서 아직 영광을 받지 않으셨으므로 성령이 아직 그들에게 계시지 아니하시더라"(요 7:37-39).

3) 그리스도의 주권과 하나님의 뜻에 완전히 굴복하라.

"누구든지 목마르거든 내게로 와서 마시라."고 하신 주님의 은혜로운 초청을 기꺼이 받을 마음이 있다면, 당신은 하나님의 뜻에 순종할 준비가 되어 있는 것이다. 그러므로 이 세 번째 단계는 남김없이 당신의 의지를 하나님의 뜻에 내려놓는 것을 말한다. 하나님은 사랑이시고 진실하시며 그분의 뜻이 최

선인 것을 안다면 당신은 하나님의 뜻을 행하려고 기쁨으로 순종할 것이다.

성령 충만을 받기 원하는가? 성령을 당신 삶의 진정한 주인으로 모셔들이라. 당신 인생의 모든 권리를 그분께 양도하고 그분에게 마음의 방의 모든 열쇠를 맡겨라. 마음의 서재, 욕망의 식당, 관계의 응접실, 사회생활의 오락실에 성령을 초청하라. 이전에 몰래 부끄러운 일을 했던 작은 비밀의 방에도 성령을 초청하여 그분이 다스리시도록 하라. 그분이 당신 삶의 주인이 되시도록 모든 것을 온전히 맡겨라.

로마서 12:1-2 말씀처럼 당신의 몸을 하나님이 기뻐하시는 거룩한 산 제물로 드리는 성령 충만한 사람이 되라. 그리고 이 세대를 더 이상 본받지 않고 마음을 새롭게 함으로 변화를 받는다면 당신은 무엇이 하나님의 선하시고 기뻐하시고 온전한 뜻인지 시험하고 알게 될 것이다.

이제 당신의 몸은 당신 안에 살아 계신 성령의 전이다. 당신은 주 예수의 보배로운 피로 '값 주고 산 것'이 되었기에 더 이상 당신 자신의 것이 아니다. 그러므로 당신은 이제 당신의 몸과 영으로 하나님께 영광 돌리기를 원할 것이다(고전 6:19-20). 당신은 온 마음으로 하나님의 나라를 삶의 첫 자리에 두기를 원할 것이다(마 6:33).

"위의 것을 찾으라. 거기는 그리스도께서 하나님 우편에 앉아 계시느니라. 이는 너희가 죽었고 너희 생명이 그리스도와 함께 하나님 안에 감추어졌음이라"(골 3:1, 3).

당신의 생명은 그리스도의 생명으로 바뀌었다. 당신이 이것을 확신있게 말할 수 있고 진정으로 이것을 중요하게 생각한다면 다음 단계로 나아갈 준비가 된 것이다. 그러나 다음 단계로 넘어가기 전에 요한복음 15:18, 20에 나타난 우리 주님의 말씀에 귀를 기울여 보자.

"세상이 너희를 미워하면 너희보다 먼저 나를 미워한 줄을 알라… 내가 너희 에게 종이 주인보다 더 크지 못하다 한 말을 기억하라 사람들이 나를 박해하였은즉 너희도 박해할 것이요."

성령 충만한 삶은 그 누구도 경험할 수 없는 기쁨과 모험으로 가득 찬 생활이지만 항상 편안하지만은 않다. 그리스도인이든 아니든 우리는 이 세상에서 문제를 가지고 살아간다. 우리 모두는 언젠가 죽을 것이다. 그러나 그리스도인은 하나님께서 예비해 두신 모든 것을 소유하고, 그분이 뜻하신 대로 살아갈 수 있다. 그리스도와 복음을 위해 살고 싶지 않은가?

한 가지 질문이 있다. 당신은 그리스도의 뜻을 따라 살며 고난을 받은 하나님의 제자 중 어느 누가 후회하는 것을 들어 본 적이 있는가? 나는 한번도 들어본 적이 없다! 내가 들은 것은 그 일이 아무리 험난해도 그리스도를 섬길 수 있는 특권을 주신 것에 대해 하나님께 감사하며 찬송과 영광을 돌리는 것뿐이었다. 반면, 인생의 말년에 그리스도를 영접한 사람들에게는 너무 늦게 그리스도를 영접한 것을 안타깝게 여기는 말들을 많이 들었다. 꼭 순교자가 된다는 강박관념에 사로잡히지도 말고, 그렇다고 '평탄한 생활'만을 기대하지도 말라.

4) 믿음으로 성령 충만을 자신의 것으로 삼으라.

당신이 그리스도인이라면, 이미 성부, 성자, 성령이 당신 안에 살아 계신다. 당신은 위대한 영적 능력과 자원을 사용할 수 있게 되었다. 성령 충만을 받기 위해서는 그의 명령과 약속에 따라 하나님께서 당신을 다스리시고 능력 주실 것을 신뢰하라.

우리는 성령으로 충만을 받는 것이 하나님의 뜻이라는 것을 알고 있다. 그러므로 우리가 성령 충만을 구할 때, 우리는 하나님께서 우리의 기도에 응답해 주실 것을 하나님의 약속의 말씀에 의해 확신할 수 있다. 구원처럼 성령 충만도 하나님의 선물이다. 그것은 우리 힘으로 얻는 것도 아니며 얻을 수도 없다. 우리 죄를 고백하고 믿음으로 하나님께 자신의 의지를 완전히 드릴 때 받게 된다.

5) 성령 충만을 받을 때 전도할 능력을 받게 된다는 것을 알라.

"오직 성령이 너희에게 임하시면 너희가 권능을 받고 예루살렘과 온 유대와 사마리아와 땅 끝까지 이르러 내 증인이 되리라"(행 1:8).

만일 당신이 그리스도를 증거 할 의욕이 없거나 전도에 능력이 없다면, 이것은 당신이 성령 충만하지 않다는 것을 말해 준다. 성령은 모든 그리스도인들에게 능력을 받게 하기 위해 오셨다. 왜 우리는 능력이 필요한가? 열매 맺는 그리스도의 증인이 되기 위해서, 나아가 기도와 헌금을 통해 세상 땅 끝까지 증인이 되기 위해서이다. 이것이 성령 충만 받기를 원하는 당신의 동기라고 진심으로 말할 수 있는가?

6) 성령 충만을 기대하라.

당신은 믿음으로 그리스도를 영접했듯이 믿음으로 성령 충만을 받는다. 하나님께서 당신이 성령 충만 받기를 원하신다고 믿는가? 하나님께서 당신을 성령으로 충만하게 하실 수 있는 능력이 있다고 믿는가? 마태복음 9:28, 29에서 예수님은 맹인들에게 "내가 능히 이 일 할 줄을 믿느냐?" 고 물으셨다. 그들은 "주여 그러하오이다." 라고 대답했다. 그러자 예수님께서 그의 눈을 만지시면서 "너희 믿음대로 되라."고 말씀하셨다. 당신이 그리스도인이 될 때 성령은 이미 당신 안에 내주하고 계시며 그분은 당신의 삶에 주인 되기를 원하신다. 당신이 성령 충만을 사모하고 믿음으로 구할 때 성령은 당신을 다스리시고 능력을 주신다. "너희 믿음대로 되라." 고 하시고 "그분은 자기를 찾는 자에게 상을 주신다." (히 11:6)고 하신 말씀을 기억하라.

믿음의 대상은 하나님과 그분의 말씀이기 때문에 당신이 그분에게 당신을 성령으로 충만하게 해주시도록 구하고 하나님의 **명령**과 **약속**에 대한 믿음의 표현으로 성령 충만을 주장하라. 구걸하거나 애원할 필요가 없다.

성령 충만 받기 위해 기도하라(212쪽 기도문 참고). 기도를 통해 정직하게 당신의 삶을 그리스도께 바치고 당신의 의지를 하나님께 내려놓았는가? 당신은 지금 이 순간 성령으로 충만하다고 믿는가? 그렇다면, 성령의 충만함과 능력 주심을 감사하라. 고난 중에서의 승리와 전도의 열매에 대해 믿음으로 하나님께 감사하라. 쉬지 말고 하나님을 찬양하며 기뻐하라(엡 5:20; 살전 5:18).

성령 충만한 사실을 어떻게 알 수 있는가?

당신이 성령 충만한지를 알 수 있는 두 가지 방법이 있다. 첫째는 하나님의 약속의 말씀에 근거해서, 둘째는 개인적인 체험으로 알 수 있다. 만일 당신이 자신의 뜻을 내려놓고, 여기에서 제시한 단계를 따라 당신의 의지를 진실로 주님께 드려, 성령 충만 받기를 그분께 구했다면, 그분은 당신을 성령 충만하게 해주셨다. 당신은 하나님의 말씀의 명령과 약속에 따라 성령 충만 받은 것을 알 수 있다.

감정은 어떠한가? 당신이 성령 충만을 간구할 때 감정적인 반응이 있을 수도 있고 없을 수도 있다. 많은 사람들을 상담하면서 대다수의 사람들이 성령 충만의 잠잠한 확신을 경험하게 된 것을 보았다. 그들은 다른 사람들을 그리스도께로 인도할 때 담대함이 생기고 이전에는 경험해 보지 못한 열매들을 보며 더 큰 확신을 갖게 되었다. 성령 충만한 사람들의 마음속에는 하나님과 그의 말씀에 대한 보다 큰 믿음이 생긴다. 결과는 어떠한가? 전도하는 일에 있어서 보다 큰 믿음, 능력, 담대함, 열매가 뒤따른다.

적용

1. 이 과에서 당신에게 가장 의미 있는 것은 무엇인가?

2. 지금 이 시간에 성령 충만을 위해 기도하는 것을 방해하는 것이 있는가? 함께 나누라.

3. 지금 바로 성령 충만을 받기 위해 기도하라.

* 추천도서 : 빌 브라이트, 『S4U』 (서울: 순출판사, 2013)

외울 말씀

로마서 12:1-2

1그러므로 형제들아 내가 하나님의 모든 자비하심으로 너희를 권하노니
너희 몸을 하나님이 기뻐하시는 거룩한 산 제물로 드리라 이는 너희가
드릴 영적 예배니라 2너희는 이 세대를 본받지 말고 오직 마음을 새롭게
함으로 변화를 받아 하나님의 선하시고 기뻐하시고 온전하신 뜻이
무엇인지 분별하도록 하라

요한일서 5:14-15

14그를 향하여 우리가 가진 바 담대함이 이것이니 그의 뜻대로 무엇을
구하면 들으심이라 15우리가 무엇이든지 구하는 바를 들으시는 줄을 안즉
우리가 그에게 구한 그것을 얻은 줄을 또한 아느니라

읽을 말씀

사도행전 6:8-7:60

제4과

왜 소수의 그리스도인만이 성령 충만을 받는가?

학 습 목 표 : 성령 충만한 삶을 방해하는 장애물들을 이해하고 해결할 수 있다.

그리스도를 따르는 제자들은 평범한 사람들이었다. 그러나 오순절에 제자들이 성령 충만을 받았을 때 그들의 삶은 극적으로 변화되었다. 그들은 더 이상 평범한 사람이 아니었다. 하나님의 능력의 도구가 되었으며 담대한 믿음의 사람들로 바뀌었다.

우리도 성령을 통해 삶을 변화시키는 동일한 능력을 받을 수 있다. 그러나 오늘날 수많은 그리스도인들이 그리스도께서 약속해 주신 능력 있는 삶, 열매 맺는 풍성한 삶을 경험하지 못하고 살아가는 것은 비극이다.

이 과에서는 왜 많은 그리스도인들이 성령 충만을 경험하지 못하는지, 그들과 하나님 사이에 어떤 장애물들이 놓여 있는지를 생각해 볼 것이다.

1 마음속의 싸움터

1) 바울은 로마서 7:18-24에서 자신을 어떻게 묘사하고 있는가?

바울의 묘사를 볼 때 당신은 어떤 느낌이 드는가?

2) 갈라디아 5:16-17에서는 로마서 7장에서 말한 바울의 갈등을 어떻게 말하고 있는가?

2 싸움에서 패배하는 이유

1) 그리스도인들이 성령 충만 받지 못하게 하는 장애물은 무엇인가?

(1) 시편 119:105

시편 119:105 주의 말씀은 내 발에 등이요 내 길에 빛이니이다

많은 그리스도인들이 하나님 말씀이 영광스러운 진리들을 담고 있다는 사실을 모르고 있다. 이러한 무지 때문에 많은 그리스도인들이 성령 충만을 자기 것으로 삼지 못한다. 한 예를 들어보자.

그리스도를 믿는 한 젊은 청년이 프랑스에서 육군에 복무 중이었다. 그는 프랑스의 두 아가씨를 좋아하고 있었다. 두 아가씨가 다 마음에 들었기 때문에 그 청년은 어느 아가씨를 더 좋아하는지 알 수 없었다. 그는 결혼하기를 원했지만 어느 아가씨에게 청혼을 해야 할지 몰랐다. 어느 날 그는 큰 교회를 찾아가 자기를 인도해 주시도록 하나님께 기도하고서 스테인드글라스로 된 유리창을 바라보고 있었다. 그런데 그는 이 스테인드글라스에서, '아베 마리아'라는 글자를 보았다. 마침 희한하게 한 아가씨의 이름이 마리아였다. 그는 이것을 하나님의 응답이라고 여기고 '마리아와 결혼해야겠어. 그

녀에게 아내가 되어 달라고 청혼해야지!'라고 생각했다. 그러나 불행히도 그 아가씨는 그리스도인이 아니었다. 만약 그 청년이 하나님의 말씀을 알았다면 스테인드글라스에서 본 글씨가 하나님의 뜻이라고 결론짓지는 않았을 것이다. 고린도후서 6:14에 "너희는 믿지 않는 자와 멍에를 함께 메지 말라 의와 불법이 어찌 함께 하며 빛과 어둠이 어찌 사귀며"라고 말씀하신다. 만일 그가 하나님의 말씀을 알았다면, 그의 선택이 달랐을 것이다. 성령 충만한 생활은 아주 실제적인 것이다.

(2) 시편 66:18

시편 66:18 내가 나의 마음에 죄악을 품었더라면 주께서 듣지 아니하시리라

고백하지 않은 죄가 그리스도인들의 성령 충만을 막고 있다. 다른 사람의 명예에 손상을 주는 거짓말, 돌려주지 않은 훔친 물건이나 돈, 비윤리적인 거래, 시험에서의 부정행위 등 고백해야 할 죄들을 하나님께서 당신에게 생각나게 하실 것이다. 하나님은 당신이 손해를 끼친 사람에게 보상해 주도록 인도하실 수도 있다(마 5:23-24). 그렇다면 그의 인도하심에 순종하라. 우리는 이러한 것들을 친구들이나 다른 사람들에게는 숨길 수 있지만 하나님께는 숨길 수 없다.

(3) 잠언 16:18

잠언 16:18 교만은 패망의 선봉이요 거만한 마음은 넘어짐의 앞잡이니라

교만은 그리스도인들이 성령 충만을 받지 못하도록 한다. 교만은 사탄의 죄였고(사14:12-24), 또한 아담과 하와가 저지른 첫 번째 죄였다. 교만은 인간이 하나님에게서 스스로를 분리시킨 죄의 근원이다. 하나님은 교만한 자를 물리치시고 겸손한 자에게 은혜를 베푸시므로(약 4:6) 자기중심적인 그리스도인은 하나님과 교제를 풍성하게 할 수 없다.

(4) 잠언 29:25

잠언 29:25 사람을 두려워하면 올무에 걸리게 되거니와 여호와를 의지하는 자는 안전하리라

우리 시대에 가장 큰 비극 중의 하나는 그리스도인과 비그리스도인을 구별하기가 어렵다는 것이다. 우리는 '이 세대를 본받지 말고 변화를 받아야 한다'(롬 12:1-2). 세상 사람들에게 우리는 다르다는 것을 보여야 한다. 만일 당신이 사람을 두려워하지 않고 담대하게 그리스도인의 삶이 어떠한 것인지 알려 준다면, 우리 주위의 모든 사람들은 굶주린 마음을 가졌기 때문에 민감한 반응을 보일 것이다.

(5) 누가복음 9:26

누가복음 9:26 누구든지 나와 내 말을 부끄러워하면 인자도 자기와 아버지와 거룩한 천사들의 영광으로 올 때에 그 사람을 부끄러워하리라

위대한 종교 개혁자 마르틴 루터는 사람을 두려워하지 않고 신성로마제국의 황제와 의회에서 그의 저서에 관해 심문하는 대주교 앞에 섰다. 대주교의 심문에 루터는 "그 책은 모두 나의 것이며 나는 그뿐 아니라 더 많은 책을 저술했습니다."라고 대답했다. 대주교는 "그대는 그대가 쓴 내용의 전부를 옹호하는가? 아니면 일부는 거부하는가?" 라고 물었을 때. 루터는, "이 책은 하나님과 그의 말씀에 관한 것이며 인간의 영혼을 구원하는데 영향을 미칠 것입니다. 그리스도께서 '누구든지 사람 앞에서 나를 부인하면 나도 하늘에 계신 내 아버지 앞에서 그를 부인하리라(마 10:33)'고 말씀하셨습니다."라고 대주교에게 대답했다. 대주교는 루터에게 하루를 더 생각하도록 했고, 이튿날 그의 진술을 취소하도록 요청했다. 그러나 루터는 "성경 말씀에 따른 명백한 이유로 정죄되지 않으면 나는 교황과 이 회의의 권위를 받아들이지 않겠습니다. 왜냐하면 성경과 이 회의는 서로 상반되기 때문입니다. 나의 양심은 하나님의 말씀에 사로잡혀 있습니다. 양심을 거스르는 일은 옳지도 않고, 안전하지도 못하기 때문에 나는 아무것도 취소할 수 없고, 취소하지도 않겠습니다. 나는 하나님 앞에 서 있습니다. 하나님이여 나를 도우소서."라고 대답했다.

– 롤란드 베인톤(Roland H. Bainton), *Here I Stand*, p.144.

(6) 요한일서 2:15-17

요한일서 2:15-17 15이 세상이나 세상에 있는 것들을 사랑하지 말라 누구든지 세상을 사랑하면
아버지의 사랑이 그 안에 있지 아니하니 16이는 세상에 있는 모든 것이 육신의 정욕과 안목의
정욕과 이생의 자랑이니 다 아버지께로부터 온 것이 아니요 세상으로부터 온 것이라 17이 세상
도, 그 정욕도 지나가되 오직 하나님의 뜻을 행하는 자는 영원히 거하느니라

(7) 로마서 8:32

로마서 8:32 자기 아들을 아끼지 아니하시고 우리 모든 사람을 위하여 내주신 이가 어찌 그 아들과 함께 모든 것을 우리에게 주시지 아니하겠느냐

종종 사람들은 하나님의 뜻에 순종하면 하나님께서 그들로부터 무엇인가를 빼앗거나 그들을 불행하게 하지 않을까 두려워한다. 예를 들어, 하나님이 자신의 계획을 바꾸거나 자신들의 뜻과 상관없이 외딴 지역의 야만족에게 선교사로 보내실까 염려한다. 이것은 결코 사실이 아니다. 하나님은 우리를 사랑하시므로 우리를 대신하여 죽으셨다. 죽기까지 우리를 사랑하는 분이 우리에게 가장 좋은 것으로 주시지 않겠는가?

2) 당신에게 성령 충만 받지 못하게 하는 장애물은 무엇인가?

....

....

대부분 그리스도인들이 성령 충만을 받지 못하는 이유는 자기 의지를 하나님께 기꺼이 복종시키려 하지 않기 때문이다.

율법적 태도
더러운 생각
시기
죄책감
근심
걱정
낙심
비평하는 태도
무목적
두려움

영적 유산에 대한 무지
불신앙
불순종
하나님과 이웃에 대한 사랑을 잃음
기도를 게을리함
성경공부에 대한 열이 식음

결론과 요약

왜 극소수의 그리스도인만이 성령 충만을 받는가?

근본적으로, 그 문제는 의지에 달려 있다. 사람은 자유 의지를 가진 도덕적 존재이다. 그들은 더 이상 하나님의 뜻을 구하지 않고 여러 가지 이유로 자신의 길을 선택한다. 자신의 계획과 삶의 목적을 이루기로 결심해 버린다. 스스로 자유하다고 믿지만 많은 그리스도인들은 죄의 노예가 되고 마침내 바울과 같은 고백을 한다.

"내가 원하는 바 선은 행하지 아니하고 도리어 원하지 아니하는 바 악을 행하는 도다 만일 내가 원하지 아니하는 그것을 하면 이를 행하는 자가 내가 아니요 내 속에 거하는 죄니라… 오호라 나는 곤고한 사람이로다 이 사망의 몸에서 누가 나를 건져 내랴"(롬 7:19, 20, 24).

예수님과의 교제가 끊어진 그리스도인은 이 세상에서 가장 비참하다. 그들은 더 이상 기쁨을 경험할 수 없고 그리스도를 위해 전도할 의욕도 상실하고 우리 구주의 사랑과 용서를 절실히 필요로 하는 사람들에게 관심조차 보일 수 없다.

그리스도의 사랑과 용서를 체험했고 그분의 내주하심을 경험하고 기쁨을 누렸던 사람들이 왜 하나님의 뜻대로 살지 못하는 것일까? 왜 그리스도인이 성령 충만을 통한 능력의 삶을 포기하고 자신의 길을 선택하게 될까? 몇 가지 이유를 살펴보자.

1) 지식의 결핍

많은 그리스도인들은 하나님 말씀이 성부 하나님, 성자 예수 그리스도, 성령 하나님과 맺는 관계에 대한 영광스러운 진리들을 담고 있다는 사실을 모르고 있다. 이러한 무지 때문에 많은 그리

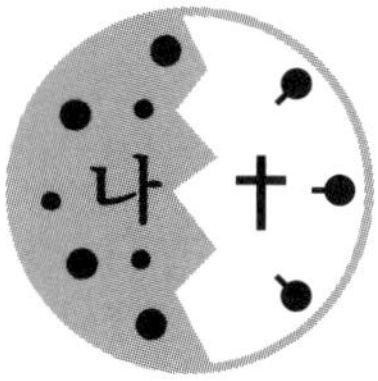

스도인들이 성령 충만을 자기 것으로 삼지 못한다. 다음의 내용을 기억하라. 모든 그리스도인은 하나님의 자녀이다(요 1:12). 그의 죄는 용서 받았고, 그리스도와 지속적으로 사귐을 가질 때 계속해서 모든 죄로부터 깨끗이 씻음을 받을 수 있다(요일 1:7). 성부와 성자와 성령께서는 실제로 모든 그리스도인의 마음에 내주하셔서 그의 모든 자녀에게 능력을 주시고 그리스도 안에서 온전한 성숙을 이루도록 이끄시기를 기다리고 계신다.

또한 우리는 믿음의 근거가 되는 하나님의 속성을 잘 모르고 있다. 우리의 믿음의 대상이신 하나님의 속성을 잘 아는 것은 매우 중요하다.

* **하나님은 주권자이며 영원하시다.** 성경은 그를 '처음이요 나중'이라고 표현한다. 그는 시작도 끝도 없으신 분이다. 공간과 시간을 초월하여 스스로 존재하시는 분이다(렘 32:17; 계 1:8, 4:11; 사 40:25; 롬 9:14-21; 엡 1:11).
* **하나님은 거룩하시다.** 그분만이 완전히 순결하시며 악이 전혀 없으시다. 하나님의 거룩함은 죄를 용납할 수 없기에 하나님과 사람 사이에 그의 아들 예수 그리스도를 통해서만 건널 수 있는 커다란 간격이 생겼다(삼상 2:2; 사 6:1-3; 계 4:8).
* **하나님은 사랑이시다.** 그분의 완전한 사랑의 표현은 예수님이 우리 죄를 위해 죽으신 십자가에서 볼 수 있다(요일 4:8-10, 16).
* **하나님은 신뢰할 만한 분이시다.** 그분의 진리는 그분의 인격과 불가분의 관계이다. 정직과 순전함은 하나님 자신에게 속하는 본질적인 요소이다. 그분이 거짓말을 하거나 잘못 인도하는 것은 불가능하다(욥 34:10-12; 시 117:2).
* **하나님은 전능하신 분이시다.** 그분은 만물의 공급자이시며 유지하시는 분이시다. 창조주로서 그분은 우리의 삶에 친밀하게 관여하신다(렘 32:17-19; 요 1:1-4).
* **하나님은 전지하신 분이시다.** 그분은 모르시는 일이 없고 어떤 일도 그분을 놀라게 할 수 없다(시 147:5; 요일 3:20).

하나님의 속성을 잘 아는 것은 그리스도인으로서 우리가 생각하고 말하고 행동하는 모든 것에 영향을 미친다. 우리는 그분의 형상으로 만들어졌고 그분은 우리가 정말 그분을 잘 알기를 원하신다. 하나님을 잘 알고 그분을 닮기 위해 간절히 구하면 주 예수 그리스도를 통해 우리는 그분을 더욱 닮아가게 될 것이다.

2) 교만

하나님은 교만한 자를 물리치시고 겸손한 자에게 은혜를 베푸시는 분이시기 때문에 자기중심적인 그리스도인은 하나님과 교제를 갖지 못한다(벧전 5:5).

3) 두려움

베드로전서 2:9은 다음과 같이 말하고 있다.

"그러나 너희는 택하신 족속이요 왕 같은 제사장들이요 거룩한 나라요 그의 소유된 백성이니 이는 너희를 어두운 데서 불러내어 그의 기이한 빛에 들어가게 하신 자의 아름다운 덕을 선포하게 하려 하심이라."

기억하라! "여호와는 자기를 경외하는 자들과 인자하심을 바라는 자들을 기뻐하시는도다"(시 147:11).

4) 숨은 죄

수많은 그리스도인들이 고백하지 않은 죄로 인해 성령 충만을 받지 못하고 있다. 우리는 죄를 친구들이나 다른 사람들에게는 숨길 수 있지만 하나님에게는 숨길 수 없다. "하나님이 이를 알아내지 아니하셨으리이까 무릇 주는 마음의 비밀을 아시나이다."(시 44:21) 당신이 용서하지 않은 사람이 있는가? 그렇다면 하나님도 당신을 용서하지 않으실 것이다(막 11:25, 26). 그러나 주님이 우리로 죄를 깨닫게 하실 때 하나님께 고백한다면 그는 우리를 용서하시고 깨끗케 하실 것이다(요일 1:9).

5) 세속적인 마음

많은 그리스도인들은 물질을 사랑하고 세상 풍습에 적응하여 살려는 욕망 때문에 성령 충만을 받지 못한다. 사람은 잠깐 살다가 이 세상을 떠난다. 그리스도인으로서 우리는 그리스도의 지상명령을 성취하기 위하여 우리의 시간과 재능과 물질을 어떻게 사용했는지 종종 주의 깊게 평가해 보아야 한다.

"한 사람이 두 주인을 섬기지 못할 것이니 혹 이를 미워하고 저를 사랑하거나 혹 이를 중히 여기고 저를 경히 여김이라 너희가 하나님과 재물을 겸하여 섬기지 못하느니라 너희는 먼저 그의 나라와 그의 의를 구하라 그리하면 이 모든 것을 너희에게 더하시리라"(마 6:24, 33).

6) 하나님께 대한 신뢰의 부족

하나님께 대한 신뢰의 부족으로 말미암아 많은 그리스도인들이 그들의 의지를 하나님께 완전히 양도하지 못해 성령 충만을 받지 못한다.

나는 그 두려움을 갖고 있던 한 대학생을 똑똑히 기억한다. 그는 하나님이 자신의 계획을 바꾸실까봐 두려워했다. 함께 대화하는 동안 나는 그에게 하나님의 사랑이 너무 커서 독생자를 보내어 그의 죄를 위해 죽게 하셨다는 것을 상기시켜 주었다. 우리는 예수님이 그를 너무 사랑하셔서 기쁘게 십자가에서 자신의 목숨을 주시고 그를 위해 피흘려 주신 것에 대해 이야기했다. 그러고 나서 나는 그에게 "하나님을 믿을 수 있겠는가?" 하고 물었다. 그는 "나는 그런 식으로는 한번도 생각해 본 적이 없었습니다. 나는 그를 믿을 수 있고 믿겠습니다."라고 대답했다. 이 젊은이는 결국 신학교를 마치고 CCC 간사가 되었다. 그는 내가 아는 그리스도인 가운데 가장 풍성한 열매를 맺으며 승리하는 그리스도인이다.

당신은 자신의 생명과 사랑하는 사람들과 돈과 장래와 모든 것을 하나님께 맡길 수 있다! 그분은 사랑의 아버지이시고 그분의 사랑은 세상 어느 아버지의 지혜보다 현명하고 세상 어느 어머니의 부드러움보다 부드럽다. 매일 매 순간 당신의 전 생애를 하나님께 맡기는 것을 두려워하지 말라. 그는 당신을 성령으로 충만케 해주실 것이다.

내게는 사랑하는 두 아들이 있다. 그들이 아주 어렸을 때 나에게 와서 "아빠, 우리는 아빠를 사랑해요. 어떻게 하면 아빠에게 이것을 알릴 수 있을까 하고 종일 생각했어요. 그래서 아빠가 원하시는 모든 것을 해 드리기로 결심했어요."라고 말했다고 가정해 보자. 내가 어떻게 반응하겠는가? "얘들아, 아빠는 바로 이 순간을 기다려왔단다. 아빠가 원하는 것은 무엇이든지 하겠다고 했으니 이제 나는 너희들을 방에 가두고 너희가 아끼는 모든 물건을 버리고 너희들이 가장 하기 싫은 일을 시키겠다. 이 도시에서 가장 불쌍한 아이들로 만들어 버리겠어!"라고 말하겠는가? 그렇게 말하는 아버지는 한 명도 없을 것이다. 오히려 나는 감격하여 그들을 향한 나의 사랑을 훨씬 더 크게 나타내도록 노력할 것이다. 마찬가지로 하나님 아버지도 우리의 의지와 우리의 모든 것을 내려놓는 순간 우리의 삶을 축복하시며 풍성하게 하실 준비가 되어 있다.

하나님께 대한 신뢰의 부족과 실패의 경험들로 인해 많은 그리스도인들은 성령 충만한 삶의 기쁨을 누리지 못하고 있다.

아마 당신은 "내가 성령 충만을 받기 전에도 모든 패배와 좌절을 극복하여 승리할 수 있지 않을까?"라고 생각할지도 모른다. 절대로 그렇지 않다! 예수 그리스도만이 당신의 죄를 용서하실 수 있는 분인 것처럼, 성령만이 우리의 실패와 연약함을 뛰어 넘는 능력과 승리를 주실 수 있는 유일한 분이시다.

적용

1. 이 과에서 당신에게 가장 의미 있는 것은 무엇인가?

2. 당신은 앞에서 성령 충만 받지 못하게 하는 장애물들을 나누었다. 이것을 극복하기 위해 어떻게 하겠는가?

외울 말씀 요한일서 2:15-17

15이 세상이나 세상에 있는 것들을 사랑하지 말라 누구든지 세상을 사랑
하면 아버지의 사랑이 그 안에 있지 아니하니 16이는 세상에 있는 모든
것이 육신의 정욕과 안목의 정욕과 이생의 자랑이니 다 아버지께로부터
온 것이 아니요 세상으로부터 온 것이라 17이 세상도, 그 정욕도 지나가되
오직 하나님의 뜻을 행하는 자는 영원히 거하느니라

읽을 말씀 갈라디아서 5-6장; 사도행전 5:1-11

제5과

어떻게 성령 충만을 지속할 수 있는가?

학 습 목 표 : 순간순간 성령 충만한 삶의 실재를 경험할 수 있다.

당신이 그리스도인이라면 성령은 이미 당신 안에 내주하고 계신다. 배터리로 작동되는 기구를 구입할 때, 종종 박스에 '배터리가 포함되어 있지 않음' 이라는 안내문이 들어 있는 것을 볼 수 있다. 그러나 당신이 예수 그리스도를 당신의 구주와 주님으로 영접할 때 예수 그리스도의 영이요, 능력의 근원이 되는 성령은 당신 안에 들어오시며 영원히 떠나지 않으신다. 그런 의미에서 성령의 내주하심은 결코 닳지 않는 영구 배터리에 비유될 수 있다.

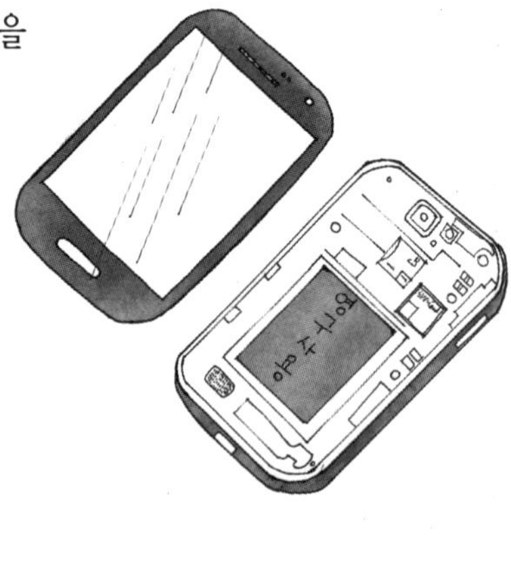

그리스도를 영접하는 순간 성령은 당신 안에 들어오실 뿐 아니라 당신에게 영적 생명을 주셔서 하나님의 자녀로서 거듭나게 하신다. 성령은 또한 당신에게 세례를 주셔서 그리스도의 몸에 속하도록 하신다. 성령의 내주하심, 거듭나게 하심, 그리스도의 몸에 속하게 하심은 당신이 그리스도를 영접할 때 일어난다. 영접은 한번 하는 것이지만, 성령 충만함을 받는 것은 일회적인 경험이 아니다. 에베소서 5:18에서 분명하게 말씀하고 있는 것처럼 지속적으로 성령 충만을 받아야 한다.

1 지속적으로 성령 충만을 받는 방법

에베소서 5:18을 읽으라. "충만을 받으라"는 헬라어로 "계속해서 끊임없이 충만을 받으라."는 뜻이다. 경건한 삶을 살기 위해서는 지속적으로 성령 충만을 받아야 한다.

1) 계속해서 영혼의 호흡을 하라(영혼의 호흡에 대해서는 35쪽 참조).

(1) 영혼의 호흡의 개념을 자신의 말로 설명하라.

① 내쉼 (요일 1:9)

② 들이쉼 (엡 5:18; 요일 5:14-15)

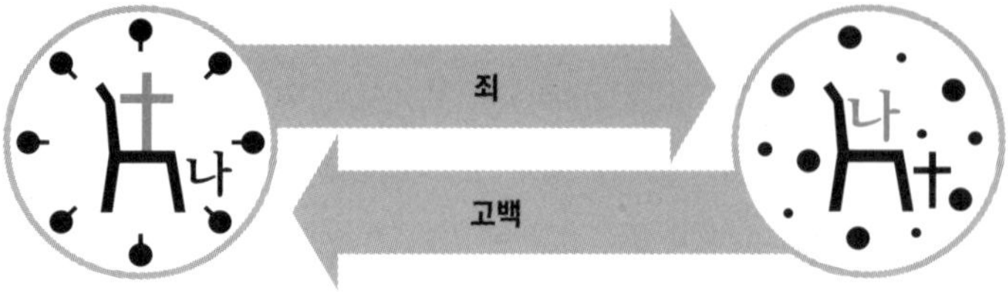

(2) 어떻게 영혼의 호흡이 경건한 삶을 살게 하고 계속 성령 충만하게 할 수 있을까?

2) 그리스도 안에 거해야 한다.

(1) 어떻게 그리스도 안에 거할 수 있는가? (요 14:21; 15:10)

(2) 요한복음 15:1-8에 나오는 포도나무와 가지의 비유는 당신의 신앙생활에 어떤 의미를 주는가?

3) 주님이 말씀하신 두 가지 중요한 계명에 순종하라.

(1) 주님이 말씀하신 두 가지 큰 계명은 무엇인가? (마 22:36-40)

4) 성령을 슬프게 하지 말라.

(1) 에베소서 4:25-32을 읽으라. 우리가 삶 속에서 어떻게 성령을 슬프시게 하는가?

에베소서 4:25-32 25그런즉 거짓을 버리고 각각 그 이웃과 더불어 참된 것을 말하라 이는 우
리가 서로 지체가 됨이라 26분을 내어도 죄를 짓지 말며 해가 지도록 분을 품지 말고 27마귀
에게 틈을 주지 말라 28도둑질하는 자는 다시 도둑질하지 말고 돌이켜 가난한 자에게 구제할
수 있도록 자기 손으로 수고하여 선한 일을 하라 29무릇 더러운 말은 너희 입 밖에도 내지 말
고 오직 덕을 세우는 데 소용되는 대로 선한 말을 하여 듣는 자들에게 은혜를 끼치게 하라 30
하나님의 성령을 근심하게 하지 말라 그 안에서 너희가 구원의 날까지 인치심을 받았느니라
31너희는 모든 악독과 노함과 분 냄과 떠드는 것과 비방하는 것을 모든 악의와 함께 버리고 32
서로 친절하게 하며 불쌍히 여기며 서로 용서하기를 하나님이 그리스도 안에서 너희를 용서
하심과 같이 하라

(2) 당신이 위의 말씀에서 특별히 주의를 기울여야 할 계명은 무엇인가?

(3) 로마서 8:13에 의하면 성령께서 당신을 위해 하기 원하시는 것은 무엇인가?

로마서 8:13 너희가 육신대로 살면 반드시 죽을 것이로되 영으로써 몸의 행실을 죽이면 살리니

5) 날마다 기도와 성경공부를 하라.

(1) 아래 구절들은 성령 충만한 사람의 생활에서 기도가 어떤 역할을 한다고 가르치는가?

① 히브리서 4:15-16

히브리서 4:15-16 15우리에게 있는 대제사장은 우리의 연약함을 동정하지 못하실 이가 아니요
모든 일에 우리와 똑같이 시험을 받으신 이로되 죄는 없으시니라 16그러므로 우리는 긍휼하심
을 받고 때를 따라 돕는 은혜를 얻기 위하여 은혜의 보좌 앞에 담대히 나아갈 것이니라

② 야고보서 5:16

야고보서 5:16 그러므로 너희 죄를 서로 고백하며 병이 낫기를 위하여 서로 기도하라 의인의 간구는 역사하는 힘이 큼이니라

③ 야고보서 1:5

야고보서 1:5 너희 중에 누구든지 지혜가 부족하거든 모든 사람에게 후히 주시고 꾸짖지 아니하시는 하나님께 구하라 그리하면 주시리라

(2) 아래 구절들은 성령 충만한 사람의 생활에서 말씀이 어떤 역할을 한다고 가르치는가?

① 로마서 1:16

로마서 1:16 내가 복음을 부끄러워하지 아니하노니 이 복음은 모든 믿는 자에게 구원을 주시는 하나님의 능력이 됨이라 먼저는 유대인에게요 그리고 헬라인에게로다

② 히브리서 4:12

히브리서 4:12 하나님의 말씀은 살아 있고 활력이 있어 좌우에 날선 어떤 검보다도 예리하여 혼과 영과 및 관절과 골수를 찔러 쪼개기까지 하며 또 마음의 생각과 뜻을 판단하나니

③ 디모데후서 3:16-17

디모데후서 3:16-17 [16]모든 성경은 하나님의 감동으로 된 것으로 교훈과 책망과 바르게 함과 의로 교육하기에 유익하니 [17]이는 하나님의 사람으로 온전하게 하며 모든 선한 일을 행할 능력을 갖추게 하려 함이라

6) 그리스도를 전하라.

(1) 사도행전 1:8에 의하면 성령을 보내신 목적이 무엇인가?

(2) 지속적으로 성령 충만 받는 것과 그리스도의 증인이 되는 것은 어떤 연관이 있는가?

2 성령 충만의 결과

1) 끊임없이 계속 성령 충만을 받는 그리스도인의 삶에는 어떤 특징이 나타나는가?

(1) 요한복음 15:5-11

(2) 갈라디아서 5:16

(3) 갈라디아서 5:22-23

2) 성령 충만하면 어떤 능력이 나타나는가? (행 1:8)

자신을 사랑하는 대신에 그리스도를 사랑하는 것을 삶의 목적과 원리로 삼는 하나님의 자녀는 성령의 충만한 임재를 체험하게 될 것이다.

성령의 충만한 임재를 체험한 사람들은 다음과 같은 특징이 나타나게 된다.

1. 모든 것을 독점하려던 것을 그치고 모든 것을 주기 시작한다.
2. 모든 것을 차지하려던 것을 그치고 양보하기 시작한다.
3. '특정한 사람에게 관심을 가지라'고 강조하던 것을 그치고 '모든 사람에게 관심을 가지라'고 강조한다.
4. 더 이상 높아지려고 하지 않고 오히려 낮아지려고 한다.
5. 섬김을 받기보다 섬기려고 한다.
6. 사람들의 칭찬에 관심을 갖지 않는다.
7. 더 이상 자기 목숨을 보존하려고 애쓰지 않고 남을 위해 자기 목숨을 내어 놓는다.
8. 더 이상 안일한 것과 쾌락과 편한 것을 찾지 않고 오히려 그리스도를 위해 고통 받고 시간을 드리고 쓰임 받기를 원한다.
9. 남들이 자신을 어떻게 대하든 상관하지 않고 하나님이 사랑하시는 것처럼 사랑하려고 한다. '감사할 줄 모르는 자와 악한 자에게도 친절하게 대한다.' 자신에게 실수가 있거나 타인에게 모욕을 주고 불친절한 태도를 보였다면 그것을 정당화하지 않고, 잘못을 서둘러 고백한다. 그리고 믿음의 선배들처럼 자기를 죽이려 했던 자들을 위해 기도하셨던 주님께 용서를 구한다.

– 제임스 맥콘키(James McConkey), 『성령의 삼중비밀』, p. 86.

결론과 요약

성령 충만은 여러 번 받는 것인가?

그렇다. 우리가 그리스도를 따를 때 성령 충만을 여러 번 경험한다. 우리는 새로운 봉사의 기회마다 성령 충만을 받아야 한다. 에베소서 5:18의 성령 충만 받으라는 권고는 헬라어 원어로 '끊임없이 계속해서 충만함을 받으라'는 뜻이다.

어떻게 하면 지속적으로 성령 충만할 수 있는가?

그리스도인이 영적 능력과 승리를 얻기 위해서는 전적으로 그리고 온전히 성령을 의지해야 된다. 우리가 성령께 우리의 의지를 더 많이 내려놓을수록, 성령은 더 자유롭게 우리의 삶을 통해 역사하신다. 다른 사람들에게 전도하게 하시고 그리스도 안에서 우리가 영적으로 더 성숙하도록 인도해 주신다.

다음은 당신이 매 순간 성령 충만한 삶을 살도록 도움을 주는 실질적인 방법들이다. 매일의 삶속에 적용하라.

1) 영광스런 진리를 묵상하라.

예수님은 문자 그대로 당신 안에 거하신다. 당신은 자아와 죄에 대하여, 모든 개인적이고 이기적인 욕망에 대하여 죽었다. 그러나 당신은 예수 그리스도를 통해 하나님께 대하여 살아 있다(롬 6:11). 죄와 좌절과 패배로 가득한 당신의 생명을 승리하는 그리스도의 생명과 바꾸었다. "그 안에는 신성의 모든 충만이 육체로 거하시고 너희도 그 안에서 충만하여졌으니 그는 모든 통치자와 권세의 머리시라" (골 2:9-10). 당신의 마음 가운데 거하시는 그분이 하늘과 땅에 있는 모든 권세를 주장하는 분이라는 것을 생각해 보라! 이것이 사도 바울이 "내게 능력 주시는 자 안에서 내가 모든 것을 할 수 있느니라."(빌 4:13)고 고백했던 이유이다.

당신은 '옛 아담'을 묻어버렸다. 당신은 관 뚜껑을 닫아 못을 박고 1m 80cm 두께의 흙 아래 묻었다. 예수 그리스도는 당신이 옛 죄의 본성을 가지고 그리스도인의 삶을 살도록 버려두지 않으신다. 그는 이제 당신의 몸을 성전으로 사용하시고, 당신의 생각을 통해 생각하시고, 당신의 마음을 통해 그의 사랑과 긍휼을 나타내시며, 당신의 입술을 통해 진리를 말씀하신다. 그의 뜻이 당신의 뜻이 되었다. 처음에는 이 모든 것이 익숙하지 않아 반복해서 새롭게 확인할 수도 있다. 그리고 당신의 사고방식과 기도를 완전히 바꿀 필요를 느낄 수도 있다. "내가 주님을 위해 무엇을 할 수 있습니까?"라고 묻거나 또는 "하나님, 당신을 위해 이것이든 저것이든 할 수 있도록 저를 사용하소서."라고 기도하지 마라. 오히려 "주 예수님, 저는 완전히 주님의 것입니다. 저를 주님이 원하시는 대로 사용하소서. 당신이 뜻하신 그곳이 어디든 저를 보내주옵소서. 왜냐하면 저는 죽었고 제 생명은 하나님 안에 그리스도와 함께 감춰져 있기 때문입니다."라고 기도하라.

그리스도 안에 거하기를 힘쓰라(요일 2:6). '그리스도 안에 거한다.'는 것은 어떤 의미인가? 예수님은 "너희도 내 계명을 지키면 내 사랑 안에 거하리라"(요 15:10)고 말씀하셨다. '거한다'는 것은 그의 계명을 지키는 것이다. 그의 계명을 지킨다는 것은 순종하는 것이다. 거하는 삶은 노력하는 삶이 아니다. 우리는 이 단순한 사실을 깨닫는데 얼마나 느린가? 가지는 열매를 맺기 위해서 *애쓰지* 않는다. 전구도 빛을 발하려고 *애쓰지* 않는다. 둘 다 어떤 노력도 하지 않는다. 이들은 그저 생명과 에너지의 무한한 공급을 받으면 되는 것이다. 그리스도인은 가지와 전구보다도 더 무한하고 커다란 자원을 갖고 있다. 식물의 생명과 전기 에너지를 창조하신 분이 우리 안에 살아 계신다. 왜 우리가 애써야 할 필요가 있는가? 참된 그리스도인의 생활 척도는 '내가 애쓰고 있는가? 혹은 그리스도 안에 거하고 있는가?'이다. 스스로 혼자서 애쓰고 있다면, 아직 주님의 생명이 흐를 수 있는 깨끗한 관이 아니다.

다음의 말씀들을 묵상하라. 요한복음 14, 15, 16장; 마태복음 6장; 골로새서 3장; 에베소서 5장; 로마서 6, 8, 12, 14장; 고린도전서 13장; 요한일서 1장; 히브리서 11장; 갈라디아서 5장; 시편 37:1-7, 23, 24. 노트를 사용해서 그리스도 안에 거하는데 도움이 된다고 믿는 권면을 기록하면서 각 장의 개요를 만들어 보라. 그리고 계속 노트를 사용해서 다른 성경 구절들의 개요를 적어 보고 암송하고 싶은 핵심 구절을 기록하라. 그리스도 안에 거하는 삶을 살아가는 데 도움이 될 것이다.

2) 하나님과 교제하기 위해 날마다 기도하면서 일정한 시간을 보내라. 그의 인도하심을 구하고 다른 영혼들을 위해 기도하라.

성령의 충만함과 능력 가운데 살기를 원한다면 하나님의 사랑, 지혜, 용서 그리고 풍부한 은혜의 자원을 끌어 쓸 필요가 있다. 기도를 통한 주님과의 끊임없는 교제없이 성령 충만한 삶을 산다는 것은 불가능하다. 결혼 관계 또는 다른 사람과의 관계에서 함께 시간을 보내는 것이 관계를 강화시켜 주듯이, 매일 하나님과 특별한 시간을 보내는 것은 하나님과 우리의 관계를 '첫 사랑'의 관계로 강화시켜 줄 것이다.

당신이 기도할 때 삶을 변하시키는 능력의 자원을 열게 된다. 그리스도를 영접할 필요가 있는 사람들의 명단을 작성하라. 하나님께서 크신 능력으로 그들의 마음을 준비시켜 주시고 그들을 하나님께로 인도해 주실 것을 기대하면서 매일 그들을 위해 기도하라(엡 6:18; 삼상 12:23).

3) 날마다 하나님 말씀을 읽고 공부하면서 시간을 보내라.

하나님의 말씀을 공부하고 묵상하는 것 역시 중요하다. 나는 수천 명의 그리스도인들과 수년 동안 함께 일하면서 순종과 성령 충만한 삶에서 이루어지는 성경공부와 기도와 전도의 적절한 균형이 없이는 충만하고 풍성한 삶을 누리는 것이 불가능하다는 것을 확신하게 되었다. 말씀 공부 이외에, 핵심 성경 구절들을 암송하는 습관을 가지라(히 4:12; 고전 2:9-12; 시 119:4, 9, 15, 16, 97, 98, 103, 105, 130).

4) 성령을 슬프시게 하지 말라.

잘못된 것인 줄 알면서도 어떤 것을 하는 그 순간, 회개하지 않는다면 성령을 슬프시게 하는 것이다. 성령을 슬프시게 한다는 것은 어떤 의미인가? 성령은 거룩하시기 때문에 그리스도인이 죄를 범하고 계속 그 죄에 거할 때 슬퍼하신다. 그러므로 당신이 지속적으로 성령 충만을 받고 그리스도를 증거하는 능력을 가지려면 하나님의 말씀에 순종하며 거룩한 삶을 살아야 한다.

당신은 '영혼의 호흡'을 통해 이것을 할 수 있다. 육체적인 호흡처럼 영혼의 호흡도 나쁜 것을 '내뿜고' 좋은 것을 '들이마시는' 과정이다. 이것은 당신이 하나님의 사랑과 용서를 체험하게 하고, 삶의 한 방식으로 성령과 동행하게 하는 믿음의 행동이다. 영적으로 "내쉬기"위해서, 당신의 생활 가운데 아는 죄를 고백하라. 하나님은 요한일서 1:9에서 "만일 우리가 우리 죄를 자백하면 그는 미쁘시고 의로우사 우리 죄를 사하시며 우리를 모든 불의에서 깨끗하게 하실 것이요."라고 약속하신다. 당신의 죄를 고백하는 것은 당신의 죄로 인해 성령을 슬프시게 했다는 것을 하나님께 동의하는 것이다. 그리고 이미 그리스도께서 당신의 죗값을 지불하신 것을 감사하는 것이며, 회개하고 죄에서 돌아서는 것이다. 영적으로 '들이쉬기' 위해, 믿음으로 성령의 충만케 하심을 내 것으로 삼으라. 사도행전 1:8의 약속의 말씀을 따라 당신의 삶을 인도하시고, 다스리시며, 능력 주시도록 초청하라.

대부분의 그리스도인은 믿음으로 행하는 영혼의 호흡의 개념을 이해하지 못하며, 그 결과로 롤러코스터를 타는 것같이 영적으로 불안정한 삶을 살아간다. 그는 세상적인 그리스도인으로서 자신이 삶의 주인이 되어 성령을 슬프시게 하면서 그의 인생 대부분을 감정적인 경험들을 추구하며 살아간다.

5) 성령을 소멸하지 말라.

성령의 인도하심에 민감해야 한다. 그는 무한한 지혜와 지식을 갖고 계시고 우리를 모든 진리 가운데로 인도하신다(요 16:13). 그에게 결코 '아니오'라고 말하지 말라. 당신이 성령 충만하고 그의 인도를 받는 삶을 살아가는 것이 익숙해져 간다면, 성령의 인도하심을 받아 에티오피아 내시에게 전도했던 빌립처럼(행 8:26-29), 복음을 전하기 위해 마케도니아로 부름 받았던 바울처럼 당신도 놀라운 경험을 하게 될 것이다.

나의 전 생애에 있어서 가장 감격스러웠던 경험은 어떤 사람에게 그리스도에 대해 이야기하라고 말씀하시는 성령의 잠잠하고 세미한 음성을 들을 때였다. 성령의 인도하심에 순종하여 그들과 이야기할 때 항상 성령께서 그들의 마음을 준비해 놓으셨다는 것을 알게 되었다. 나는 "빌, 주님이 당신을 내게 보내 주셨습니다." 또는 "당신이 말한 모든 것이 꼭 나를 위한 것이었습니다. 누군가가 내 문제를 당신에게 이야기해 준 것이 틀림없습니다."라는 고백을 들었다. 성령께서는 모든 것을 알고 계신다. 그래서 당신과 내가 그의 임재와 능력으로 충만하다면, 도움이 필요한 사람들에게 적절한 말을 해줄 수 있을 것이다.

아주 감격스러운 성령의 인도하심이 많은데, 그 중에 한 가지를 나누고 싶다. 어느 날 나는 수많은 학생들의 삶이 변화되는 '대학생 수련회'에서 강의를 하기 위해 수련회 장소를 향해 운전을 하고 있었다. 늦은 8월의 날씨는 아주 뜨거웠다. 차가 산을 막 오르기 시작할 때 자동차에 증기 폐색이 나타나 움직이지 못하게 되었다. 우리는 모터가 식기까지 기다렸고 한참 후 마침내 시동이 다시 걸렸다.

나는 라디에이터에 물을 채우기 위해 근처 시골집의 마당에 들어가 사정을 말했다. 집 주인은 매우 친절하고 관대했다. 라디에이터에 물을 넣는 것까지 도와주었다. 그 집에서 5-10분가량 머물렀지만 그 주인에게 그리스도에 대해 이야기하지 않았다. 내 마음은 온통 산 위의 중요한 집회에 가 있었다. 라디에이터 뚜껑을 주우려고 몸을 기울일 때 셔츠 주머니에서 신약성경이 떨어졌지만, 나는 잠잠하고 세미한 성령의 음성을 듣지 못했다. 주인에게 감사를 전하고 차를 운전해 그 집을 빠져나올 때, 나는 그리스도에 대해 그 사람과 나누기 위해 돌아가고 싶은 강한 충동을 느꼈다. 하지만 나는 '수련회에 늦었어. 지금 되돌아간다면 그는 나를 광신자라고 생각할지도 몰라. 게다가 그리스도를 증거 하려면 아까 했었어야지.'하며 망설이고 있었다.

나의 인간적인 어떤 논리도 성령의 지속되는 음성에는 아무 의미가 없었다. 얼마쯤 달리다가 결국 차를 돌려 그 집으로 되돌아왔다. 길모퉁이에 차를 세우고 기도했다. "주님, 실수하지 않게 해주옵소서. 이렇게 하는 제가 무척 바보처럼 보입니다. 해야 할 말을 주십시오. 당신의 뜻이 이루어지게 하옵소서." 차를 몰고 그 집 마당에 들어서자 집 주인은 현관에 나와 다시 우리를 맞아주었다. 주인은 "빠뜨린 것이라도 있나요?"라고 물었다. "예, 선생님, 중요한 것을 빠뜨렸습니다. 좀 이상하게 생각하실 수 있지만, 저는 그리스도인입니다. 저는 하나님께서 선생님

께 그리스도에 대해 전하기를 원하신다고 느꼈습니다." 더 이상 말이 필요 없었다. 그의 눈에는 눈물이 고였고, 이내 그의 뺨에 흐르기 시작했다. 그가 하나님께서 나를 자신에게 보내신 것을 안다고 말할 때 그의 턱은 떨리기 시작했다. 그는 나를 집안으로 청했고 부인까지 불렀다. 그는 "저는 여러 해 전에 교회에 나갔었답니다. 그러나 지금은 죄에 빠져 몇 해 동안 못가고 있습니다. 이번 주, 제 아내는 시내에서 열리고 있는 부흥회에 참석하고 있습니다. 저는 시간이 지날수록 죄의 짐이 점점 더 무거워져 견딜 수가 없습니다. 하나님과 올바른 관계로 돌아가고 싶습니다."라고 말했다. 우리 세 사람은 거실에서 무릎을 꿇었고 그와 그의 아내는 그들의 생애와 가정을 그리스도께 의탁했다. 나는 성령의 인도하심에 감격하고 주님을 증거 할 수 있는 또 다른 기회를 주시도록 찬송하면서 길을 떠났다.

당신이 믿음으로 성령 충만을 구할 때, 당신은 인생 최대의 모험을 이제 막 시작한 것이다. 성령이 당신의 삶을 주관해 나갈 때 당신은 더욱 그리스도를 닮아가게 될 것이다. 성령은 당신을 혼란스럽게 하거나 감정을 극단적으로 이끌어 가시는 분이 아니다. 성령은 그리스도를 높이고 영화롭게 하기 위해 오셨다. 그러므로 당신이 성령 충만을 받으면 끊임없이 하나님의 뜻을 행하고 싶은 열망을 갖게 되는데 그것은 곧 그리스도를 기쁘시게 하고 영화롭게 하는 것이다.

예수님은 왜 이 세상에 오셨는가? 잃어버린 자를 찾아 구원하러 오셨다(눅 19:10). 무엇이 그분을 가장 기쁘게 할 수 있을까? 지상명령성취(His Great Commission)를 도움으로 그분을 기쁘시게 할 수 있다. 그분이 우리를 통해 그분의 삶을 살아가시도록 초청함으로 우리의 예루살렘에서 시작하여 온 세상에 나가 모든 족속에게 복음을 전하게 하는 것이다. 어떻게 이것이 성취되는가? 성령의 능력을 통해서만 가능하다. 이제 당신과 나는 주님의 쓰임을 받아 이 놀라운 복음으로 잃어버린 영혼들을 구원하는 대열에 서는 특권을 갖게 되었다.

성령 충만으로 기대할 수 있는 결과는 무엇인가?

당신이 참으로 성령 충만한지를 결정하는 시금석이 있다. 그리스도에 대한 큰 사랑을 갖고 있는가? 그리스도의 사랑과 용서를 모르고 있는 사람들에게 큰 관심을 갖고 있는가? 전도하는 데 보다 큰 믿음, 담대함, 자유, 능력을 경험하고 있는가? 그렇다면 당신은 성령으로 충만한 것이다. 예수 그리스도는 당신을 통해서 그리고 당신 안에서 그의 생명과 사랑을 나타내기 시작하셨다. 예수님께서 말씀하신 '성령이 임하시면 능력을 받게 된다.'는 약속을 기억하라. 능력을 받은 후, 우리는 어디에 있든지 자연스럽게 그의 증인이 된다(행 1:8). 성령으로 충만한 당신이 그리스도와 동료들과 하나님의 말씀에 대해 더 큰 사랑을 갖게 되는 것은 절대적인 사실이다. 바울이 로마서 5:5에서 이야기했던 것처럼, 우리에게 주신 성령으로 말미암아 하나님의 사랑이 우리 마음에 부은 바 된다. 또한 사랑, 희락, 화평, 인내, 자비, 양선, 충성, 온유와 절제라는 성령의 열매가 당신의 삶 가운데 더욱 분명해진다(갈 5:22-23).

한 가지 기억할 것은 성령의 은사와 성령의 열매에는 차이가 있다는 사실이다. 성령 충만은 전도하는 데 능력과 담대함을 주어 열매를 맺게 한다. 대부분의 기독교 지도자들은 토레이 박사(Dr. R. A. Torrey)의 의견에 동의한다.

"나는 이 문제를 생각하면서 성경 전체를 여러 번 읽어 본 결과 다음과 같은 주장을 아무런 거리낌 없이 할 수 있다. 성령 충만함에 대해 기록한 신약과 구약 어느 구절도 전도와 관련되어 언급되지 않은 곳은 없다."

당신이 그리스도 안에 거하고 성령 충만한 삶을 살면 성령의 열매가 계속 나타나고 영적으로 더 성숙해 간다. 성령의 열매가 무르익어 가는 것은 그리스도의 성품이 그리스도인의 삶에 나타나는 것으로, 일평생 동안 계속 진행되는 과정이다. 어떤 그리스도인들은 그리스도께 자신의 의지를 더 많이 복종시키기 때문에 다른 사람들보다 무르익은 성령의 열매를 더 많이 맺기도 한다.

성령의 열매가 나타나고 무르익어 가는 과정이 평생에 걸친 과정이지만 성령의 은사는 한 사람이 그리스도인이 되는 순간 주어진다. 고린도전서 12장에 의하면, 성령 충만한 모든 그리스도인은 전도를 위한 능력을 받지만, 모든 그리스도인들이 같은 은사를 받는 것은 아니다. 어떤 사람은 사도로, 어떤 사람은 예언자로, 어떤 사람은 전도자로, 어떤 사람은 목사로, 어떤 사람은 교사로 부름을 받는다(엡 4:11). 그러므로 우리는 주님이 우리를 위해 예비해 두신 봉사의 자리로 인도해 주시기를 구해야 한다.

다른 사람의 사역을 모방하지 말라. 참고 기다리라. 당신의 삶에서 무엇을 해야 하며 어디에서 그리스도를 섬겨야 하는지 스스로 결정하지 말라. 당신이 계속해서 하나님의 말씀을 공부하고 순종하며 성령의 인도하심에 민감할 때 당신 안에서 그리고 당신을 통해서 그분의 생명을 나타내실 것이다. 하나님의 말씀, 성령의 인도하심, 성숙한 그리스도인의 지혜로운 상담을 통해 당신은 당신을 향한 하나님의 뜻을 발견하게 될 것이다.

적용

1. 이 과에서 당신에게 가장 의미 있는 것은 무엇인가?

2. 성령의 충만함과 능력이 당신 생활 가운데 어떻게 나타나고 있는가?

3. 성령께 맡기지 못한 당신 삶의 영역을 적어 보라.

* 추천도서 : 빌 브라이트,『능력있는 삶과 성령』(서울: 순출판사, 1986)
빌 브라이트,『그리스도의 계절이 오게하자』(서울: 순출판사, 1988)

외울 말씀 요한복음 15:10
내가 아버지의 계명을 지켜 그의 사랑 안에 거하는 것 같이 너희도 내 계명을 지키면 내 사랑 안에 거하리라

읽을 말씀 사도행전 10장

MEMO